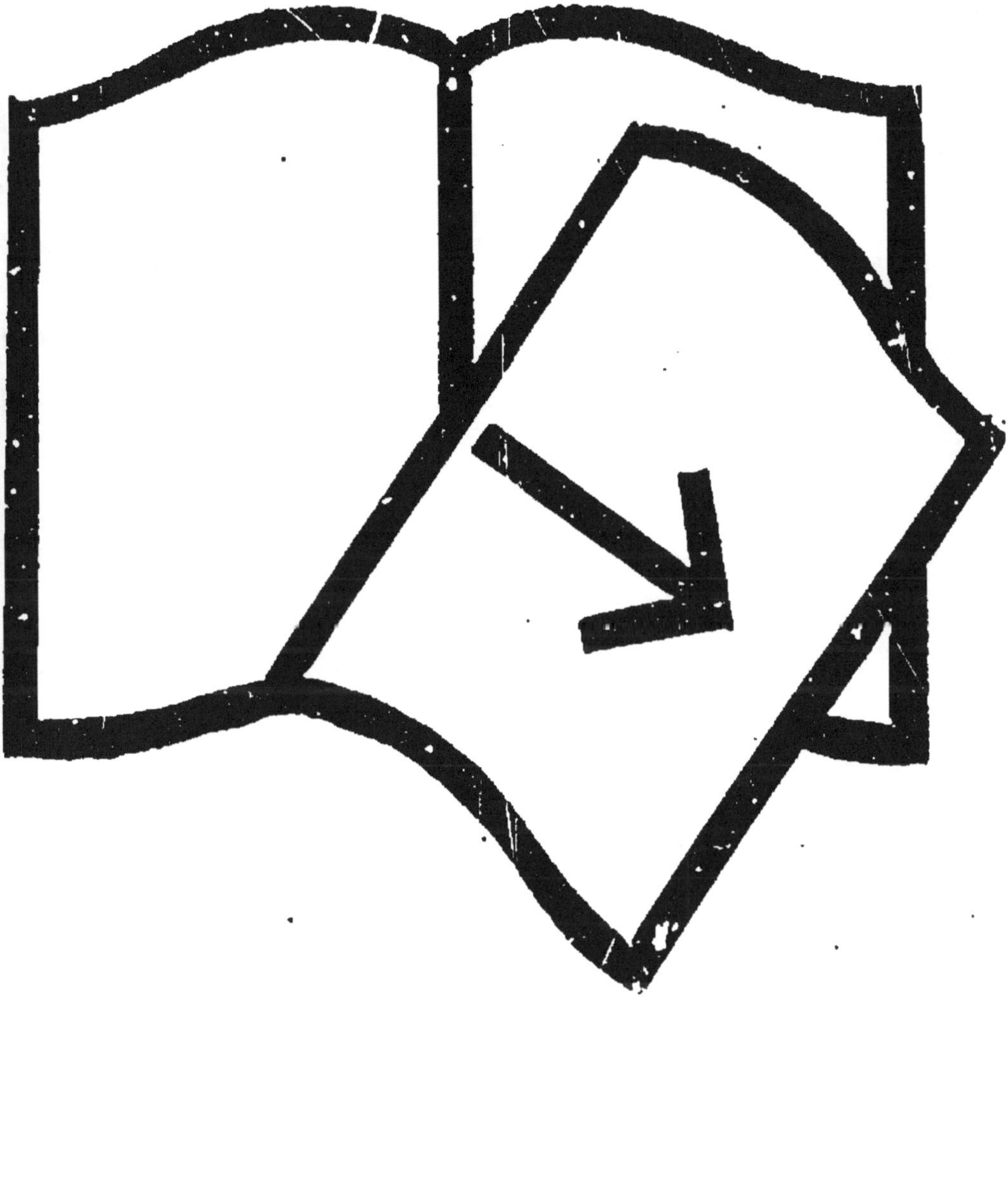

236

LE
MARÉCHAL DAVOUT

DUC D'AUERSTAËDT

PRINCE D'ECKMÜHL

EN VENTE

LE MARÉCHAL DAVOUT, Prince d'Eckmühl, raconté par les siens et par lui-même.

I. *Années de jeunesse*, 1 vol. in-8, orné d'un portrait (*épuisé*).

II. *Années de commandement*, 1 vol. in-8, orné d'un portrait   7 50

III. *La Russie et Hambourg*, 1 vol. in-8, orné d'un portrait   7 50

IV. *Un dernier commandement. L'exil et la mort*. 1 vol. in-8, orné d'un portrait.   7 50

Il reste quelques exemplaires de l'ouvrage complet sur papier de Hollande. Prix :   60 »

A.-L. D'ECKMÜHL, Mise DE BLOCQUEVILLE

LE
MARÉCHAL DAVOUT

PRINCE D'ECKMÜHL

CORRESPONDANCE INÉDITE

1790-1815

POLOGNE — RUSSIE — HAMBOURG

PARIS
LIBRAIRIE ACADÉMIQUE DIDIER
PERRIN ET Cie, LIBRAIRES-ÉDITEURS
35, QUAI DES GRANDS-AUGUSTINS, 35
1887
Tous droits réservés.

A LA MÉMOIRE

DE MON FRÈRE

LE PRINCE LOUIS D'ECKMÜHL

SEUL FILS

DU MARÉCHAL DAVOUT

QUI LUI AIT SURVÉCU

LE MARÉCHAL DAVOUT

AVANT-PROPOS

Très frappée jadis, en visitant le Musée Campana, par deux portraits d'Andrea del Sarto peints par lui-même, à vingt années de distance, j'ai eu l'idée, dans les quatre volumes dédiés à la mémoire du maréchal Davout, mon père, de placer en tête des *Années de jeunesse* et des *Années de commandement*, le portrait de Louis Davout et la tête du maréchal duc d'Auerstaëdt telle que le baron Gros a su la voir et la peindre. Il est curieux de comparer ces deux portraits, tout d'abord si divers. Dans le second, dix-neuf lourdes années ont passé sur ce front large et rêveur. Le beau jeune homme, si dédaigneux et si fier, est maintenant un héros, maître de lui-même et de la vie ; aussi le dédain s'est fait tristesse et la fierté est devenue mâle assurance. En contemplant l'illustre maréchal, on ne songe point forcément à Louis Davout, et cependant le menton, la bouche surtout, cette bouche qui parle fermée, plus encore peut-être qu'elle ne parlerait ouverte, sont identiquement les mêmes. L'œil est toujours rêveur ; seulement il plonge maintenant dans l'infini. Aucun trait ne diffère essentiellement en ces deux images, mais la vie a fait son œuvre : elle a tracé son sillon de pensées, de volontés et de douleurs sur ce front hautain.

J'aurais voulu, à ce dernier volume, ajouter le masque du grand mort, beau comme une tête antique déjà rayonnante de jeunesse et d'immortalité ; le sculpteur auquel ma mère avait confié cette précieuse relique a prétendu l'avoir brisée, sa statue achevée.

Tout en doutant quelque peu de cette singulière assertion, je regrette amèrement de n'avoir pu mettre à exécution ma pensée, car cette tête superbe aurait dit à tous, avec une indiscutable éloquence : « J'ai vécu noblement, et sans peur je me suis endormi à l'heure choisie par Dieu, ce juge unique de la vie et de la conscience des hommes. »

N'ayant pu réaliser la pensée qui m'était chère, j'ai obéi à cette sainte parole : *Cherchez et vous trouverez.* Ardemment, passionnément, j'ai donc cherché lettres et documents, et j'ai trouvé de curieuses choses.

Une lettre de Louis Davout à son ami Bourbotte une fois de plus nous le montre aimant et heureux d'aimer à plein cœur. L'amour du maréchal pour sa femme, on le sait, ne s'est jamais démenti ; à l'heure même de la quitter, il a voulu ménager *son Aimée*, et il est mort en soldat, entouré d'hommes, afin de lui épargner le spectacle de son agonie, fidèle jusqu'à la fin à cette parole trouvée en une de ses lettres : « Il est bien rare que je pense à moi-même. »

Ce volume, recueil de lettres et de faits certains, est infiniment plus intéressant au point de vue psychologique que ne pourrait l'être le livre le plus habilement composé. Aussi ai-je hâte de mettre à l'abri d'un accident et de répandre le plus possible les nobles paroles dont la semence germera, je l'espère, dans plus d'un esprit, afin de servir encore cette France que le Maréchal aimait tant.

Puisse le souvenir de mon père demeurer enfin, dans un rayonnement vainqueur de la nuit, au fond de tous les cœurs patriotes et vaillants que chaque génération nouvelle fera surgir !

A.-L. Eckmühl, M^{se} de Blocqueville.

Châlet du Ravin, Villers-sur-Mer.
    Le 25 septembre 1886.

INTRODUCTION

Stendhal avait trois fois raison de s'écrier en son histoire de Napoléon : *Le maréchal Davout, grand homme auquel on n'a pas encore rendu justice* [1]. Plus on vit dans l'intimité du maréchal et plus on s'étonne des calomnies bizarres dont quelques historiens trop légers ont chargé leur conscience. Ainsi le prince d'Eckmühl a été souvent accusé d'absorber à son profit la gloire des autres ; or, nul au contraire n'aimait autant louer quand il en avait le moindre sujet, et cela dès sa première jeunesse.

---

1. Il y a des destinées vouées à la lutte. Louis Davout, dès l'adolescence, s'il a rencontré de généreux dévouements, s'est vu méconnu et mal jugé. Le combat contre l'injustice a pour lui commencé dès l'école. L'endroit où l'on a été élevé, plus que l'endroit où l'on est né, semble devoir être la vraie patrie de l'homme : le maréchal pensait ainsi puisqu'il avait adopté la ville d'Auxerre et y avait fondé le collège dont son ancien professeur bénédictin, Dom Laporte, devint le proviseur. M. Challe nous a raconté comment cet excellent religieux lui avait souvent dit que, dès le premier jour où Louis Davout lui avait été confié par sa famille, il avait compris qu'il serait un

Le 26 mars 1793, Louis Davout écrivait aux administrateurs du département de l'Yonne : « Un de nos frères d'armes emporte avec lui les regrets et l'estime de tout le bataillon, c'est le citoyen Louis-Denys Gouré de Tonnerre, lieutenant à la cinquième compagnie du bataillon. Un boulet de canon nous a privé de cet estimable camarade. Citoyens, nous n'omettrons point ici de parler de la conduite qu'a tenue son frère dans ce malheur. Il est venu se jeter sur le corps qu'il arrosait de ses larmes pendant tout le temps que le bataillon est resté dans la même position, et lorsqu'on l'a averti que l'on était en marche pour en prendre une autre, il s'est levé et a été se mettre à la tête de sa compagnie et l'a commandée avec une fermeté inouïe. Nous ne ferons aucune réflexion

---

homme, et comment il s'était attaché à cette nature ardente, généreuse, passionnée, comme on s'attache à un fils : or l'affection gagne l'affection, et son élève l'a tendrement aimé.

Dom Laporte avait eu à défendre Louis Davout contre quelques inimitiés, et un jour de distribution des prix, celui-ci, ennuyé de ne s'entendre point nommer et le trouvant injuste, s'en fut dans le verger ravager les poiriers et les pommiers des pères qui lui étaient hostiles.

Armé d'un bâton, en vaillant batailleur il frappait d'estoc et de taille, quand il se sentit tout à coup saisi à bras le corps par Dom Laporte, qui lui dit tout essoufflé : « Ah ! malheureux, que faites-vous là ?... On vous cherche partout pour vous donner le prix de mathématiques et le prix d'anglais. »

Après le couronnement vint le châtiment, que Dom Laporte, qui aimait de Louis Davout jusqu'à ses frasques capricieuses, adoucit de son mieux, et le maréchal paya largement plus tard la dette de l'écolier à l'excellent proviseur du collège d'Auxerre.

sur cette conduite, qui nous pénètre d'admiration et d'estime. »

Un homme de cœur et d'esprit nous faisait remarquer, dans le tome IV de la publication de M. de Mazade, la grâce charmante avec laquelle le prince d'Eckmühl, des environs de Hambourg, écrivait au général Vandamme : « Faites-moi connaître le point où vous serez de votre personne. Je me porterai sur un autre point pour veiller à l'exécution des ordres que vous aurez donnés et concourir à leur exécution... *Je vous le répète, je ne serai qu'un de vos généraux.* »

Quand on songe que c'est le héros d'Auerstaëdt, de Thann, qui parle ainsi, l'esprit s'étonne et le cœur bat plus haut. Cependant écoutez encore le maréchal ajouter, avec une délicatesse peut-être unique : « Ne voyez dans tout ceci qu'une preuve de la plus haute confiance et nullement la pensée de rejeter sur vous la plus petite responsabilité : c'est moi qui commande, aussi est-ce moi qui dois la supporter. »

Je ne sais si je m'abuse, mais cette façon d'agir me semble plus digne d'admiration que le gain de la plus grosse bataille, et je reconnais, après vingt ans, l'âme généreuse du jeune chef de bataillon des volontaires de l'Yonne, seulement plus achevée, plus exquise encore.

Les mémoires du maréchal devaient être publiés par mon frère, passionné pour la gloire de notre père. J'ai cherché à le remplacer dans la mesure de mes forces : les lettres suivantes montrent la pensée fidèle de la maréchale et confirment mon assertion.

Le 22 janvier 1881, je recevais les lignes suivantes de mon cousin le baron Auguste d'Avout, qui venait de témoigner moralement de son droit à porter le nom de maréchal, en donnant sa démission de magistrat, afin de ne pas tremper dans une inique mesure d'oppression :

Pont-à-Mousson.

« Je viens de faire, chère cousine, une découverte à laquelle je m'empresse de vous faire participer. Parmi de nombreux autographes provenant de la succession du général Pelet, mon parent, les deux lettres ci-jointes me sont tombées sous les yeux. J'ai pen é que vous auriez plaisir à les connaître. Toutes deux sont bien caractéristiques et montrent de quel soin jaloux la princesse d'Eckmühl entourait la gloire de l'illustre défunt. Ce sentiment ne vous étonnera pas, chère cousine. »

La première de ces deux lettres est datée du 25 juillet 1835, et nous en donnerons les passages de nature à intéresser le lecteur.

« J'ai reçu, Général, la lettre que vous avez bien voulu m'adresser, pour me demander s'il existe en ma possession quelque vue ou dessin de la glorieuse bataille d'Auerstaëdt. Malheureusement je suis encore moins riche à cet égard que votre dépôt. Vous savez quel a été le caractère du Maréchal; vous savez qu'ayant consacré toute sa vie à la vraie gloire, il n'attachait peut-être pas assez d'importance aux moyens qui la popularisent sous toutes les formes. C'est ce qui fait que je n'ai jamais eu de tableau représentant aucune des grandes actions où il a pris une part si personnelle et que je n'ai pu en commander moi-même dans la crainte de le surprendre peu agréablement.

« Mais si le Maréchal dédaignait ce qu'il considérait comme frivole, il n'en était pas de même de ce qui devait servir à l'histoire et à la science de la guerre. Je possède donc un plan fort remarquable de la bataille, indiquant la configuration du terrain et les positions occupées par les combattants aux différentes heures de la journée. Je mettrais très volontiers ce plan à votre disposition, Général, et s'il permettait de reconnaître les lieux dessinés par Bogetti et qu'il fût possible de faire un tableau de la bataille d'Auerstaëdt, je serais bien heureuse, car le maréchal la regardait comme son plus beau titre de gloire, et en cela il était d'accord avec l'empereur qui, au retour de cette mémorable campagne, me félicitant des succès de mon mari, me dit en propres termes : « *Votre mari s'est tracé le plus beau chemin à l'immortalité* », et il ajouta en se tournant vers le groupe qui était présent : « *J'ai battu Mélas en Italie avec des forces inférieures, mais j'avais divisé ses corps, et dans toute ma carrière je n'ai jamais eu à combattre contre des forces si supérieures en nombre.* »

« Vous remplissez, Général, une bien belle mission, en recueillant ainsi les souvenirs épars d'une si glorieuse époque; le pays vous en aura obligation. Mais, parmi les personnes chez lesquelles au sentiment patriotique viendra se joindre un sentiment particulier, croyez qu'il n'en est aucune qui apprécie plus que moi vos efforts et qui en éprouve une plus vive reconnaissance. »

La M^{le} P^{sse} d'Eckmühl.

La Maréchale Princesse d'Eckmühl a M. le général Pelet, directeur du Dépôt de la Guerre, a Paris

« Permettez-moi, mon cher Général, de profiter des offres obligeantes que vous m'avez faites pour vous demander l'autorisation de puiser à votre précieux dépôt. Voici ce dont il s'agit :

« Je m'occupe, comme vous le savez, à faire mettre en ordre les Mémoires du Maréchal, afin qu'à son retour, qui n'est plus très éloigné, mon fils puisse en commencer immédiatement la publication. J'aurais besoin que vous m'autorisiez à faire copier le journal historique des campagnes du 3e corps en 1806 et 1807, journal adressé au ministère de la guerre par le Maréchal, le 19 janvier 1809. Ce travail ayant été remanié plusieurs fois, je tiens à en posséder la rédaction dernière et officielle, et c'est le but de la demande que je vous soumets. Je ne pense pas qu'elle rencontre des obstacles et je compte assez sur votre amitié pour moi et vos sentiments pour la mémoire du Maréchal pour les briser au besoin.

« C'est la personne qui vous remettra ma lettre qui sera chargée du travail de copie. Je n'ai pas besoin de vous dire qu'elle mérite toute confiance ; un mot suffira pour vous en donner la mesure : elle a été honorée de celle du Maréchal et de sa bienveillance toute particulière[1].

---

1. M. James Gordon.

« J'aurai successivement quelques autres communications à vous demander, mais d'une moindre étendue, je le ferai avec la même confiance. Tout ce qui se rattache à cette grande époque est une espèce de patrimoine national, et c'est encore servir le pays que le mettre en valeur. Il faut bien vivre de souvenirs, quand les événements nous ont condamné à un rôle si différent de celui qu'a joué la génération à laquelle nous appartenons, vous et moi.

« Je saisis, avec bien du plaisir, cette occasion de vous réitérer, mon cher Général, l'assurance de mes vieux sentiments pour vous, rajeunis par tout ce que j'ai trouvé en vous d'amitié pour moi et de bon vouloir pour tout ce qui me touche. »

La Maréchale Princesse d'Eckmühl.

Savigny, le 8 juin 1841.

Ainsi parlait la veuve du maréchal, vingt-cinq ans après avoir perdu l'époux dont le souvenir était pour elle un culte sacré, culte qui était alors partagé par beaucoup.

Le 30 janvier 1881, le respectable bibliothécaire de la ville de Fontainebleau, M. Chennevière, m'écrivait pour me prier de vouloir bien envoyer à la bibliothèque, dont il était le conservateur : « *Le Maréchal Davout raconté par les siens et par lui-même.* » Je copierai selon ma coutume le texte même de la lettre de l'honorable vieillard :

« Voici, Madame, les raisons personnelles qui m'ont enhardi à vous présenter cette demande.

« Originaire de Pontoise, j'ai eu, dans ma jeunesse, l'occasion de voir souvent Mme Leclerc, en la demeure qu'elle occupait dans la grande rue.

« Quelques années plus tard, appelé pour donner un renseignement chez Ragon, notaire, j'eus l'honneur de me trouver en tiers avec votre illustre père; et, quoique soixante années se soient depuis écoulées, j'ai encore présent, comme au premier jour, le souvenir de ce grand homme, de sa mise modeste, de sa noble prestance, et surtout de la fermeté de ce regard, que je n'ai jamais oublié !

« A l'un des voyages du Maréchal, une querelle des plus violentes avait éclaté entre deux jeunes gens (dont l'un avait servi), et toute la ville était inquiète des suites de cette rencontre probable. Le Maréchal fit appeler devant lui les deux adversaires et, avec la supériorité de son haut grade, le souvenir de ses grandes actions qu'aucun de nous n'ignorait, par la sagesse et la haute portée de ses paroles, il parvint à rapprocher les deux adversaires. Ce fut un beau moment pour notre jeunesse inquiète de voir sortir du salon du Maréchal les deux adversaires se donnant la main ! »

Ayant nécessairement remercié M. Chennevière de cette très intéressante communication, je reçus peu de jours après une nouvelle lettre, dont j'extrais encore ce passage : « Puisque le duel que votre illustre père a empêché a paru vous intéresser, permettez-moi de compléter mon récit par les noms des deux adversaires, MM. Barré et d'Erville, morts tous les deux depuis longtemps. »

M. Chennevière raconte ensuite comment il y avait à Pontoise, vers 1820, une sorte de club où les jeunes gens se plaisaient à parler des gloires militaires de l'empire. L'un racontait comment le maréchal, dans ses courts instants de résidence à Paris, faisait remplir ses poches de monnaie et rentrait l'ayant distribuée aux pauvres qui se trouvaient sur son chemin, confirmant ainsi les récits de notre chère vieille Laforest, passionnée pour la mémoire de mon père.

M. Villemain, influencé sans doute par des amitiés hostiles au prince d'Eckmühl, s'est montré peu bienveillant envers lui dans ses *Souvenirs*. Ce brillant esprit n'était point positivement amoureux de la vérité et ne désirait nullement s'éclairer. La lettre suivante le dit clairement pour qui sait lire et comprendre.

En vérité, Madame, je ne puis trouver assez de remerciments et d'excuses. Une absence de quelques jours a retardé ma réponse et, ce matin même, M. le général de Cissey m'est venu rappeler, de la manière la plus aimable, ce que je ne pouvais oublier, votre lettre que je relisais avec reconnaissance, et sur laquelle je désirais vous donner les explications demandées. Ah! Madame, bien des choses doivent être précieuses dans ces vingt cartons de Hambourg! Mais je possède déjà des pièces historiques de cette époque, par exemple : les discours du premier président de la cour impériale, installée le 15 juillet 1811; le procès-verbal de l'établissement du tribunal de commerce dans Hambourg, le 11 février 1813 ; les détails sur l'insurrection du 12 mars 1813. Ce que je souhaiterais, ce sont les autres pièces relatives à l'année 1813 et 1814 : l'entrée du maréchal dans Hambourg, le 3 mai 1813 ; son amnistie le 15 juin même année, dont il n'excepta que dix personnes (absentes) ; les rigueurs qui suivent cependant [1]. J'ai la belle et humaine réponse du maréchal, relativement aux moyens de défendre Hambourg sans détruire la ville et ruiner les habitants. Bien des choses sont à recueillir encore sur la *reddition* tardive de la ville, la sortie en bon ordre des troupes françaises, leur solde exactement payée, leur retour en France.

Certainement, Madame, si j'étais autorisé à venir présenter mes respects à Madame la maréchale et à vous, j'épargnerais de la poussière à vos yeux trop brillants pour s'arrêter sur de vieux papiers. Je serais infiniment honoré de cette confiance, sans en être aussi digne que M. Thiers.

Mon récit doit être court, mais je suis assuré d'y inscrire quelques beaux et rares exemples de caractère, et je serais heureux de les compléter d'après des indices donnés par vous. Daignez, Madame, agréer de nouveau mes excuses, et me servir de protectrice près de la maréchale, en même temps que vous accueillerez mes respectueux hommages.

VILLEMAIN.

Paris, le lundi 10 octobre 1859.

1. Lire les ordres du major-général Berthier.

Il nous est infiniment doux d'avoir à remercier
M. Emile Montégut de sa très belle étude intitulée :

« *Le maréchal Davout* ».

En dehors d'une légère divergence d'opinion au
sujet de la Russie, divergence accentuée par un
enthousiaste de la mémoire du maréchal, dont
nous donnons en note la lettre [1], ce travail nous

[1]. Lettre de M. Challe a la M^{se} de Blocqueville.

J'admire fort le magnifique travail de M. Montégut, intitulé :
Le maréchal Davout »; il est cependant un point sur lequel je
ne puis partager son avis, c'est sur l'approbation que, selon lui, le
maréchal a donné à la grande expédition de Russie. Le maréchal n'a
pas dit, dans le passage qu'il cite à la page 152, que le succès était
possible avec d'autres chefs, d'autres mesures et la bonne santé de
l'empereur. Il a dit seulement que peut-être elle eut eu d'autres
résultats, cette campagne, qui, après l'événement, était traitée d'extravagante. Mais cette assertion n'est pas inconciliable avec les
pressentiments de tristesse qu'il ressentait avant le départ de sa
femme, au printemps de 1812, pressentiments qu'il n'a pu lui cacher,
et qui apparaissent ensuite, dans plusieurs de ses lettres, à qui veut
les étudier avec attention. »

Le major Louis Chiala, l'élégant historien italien du maréchal
Davout, partage entièrement la façon de voir de M. Challe; et mes
souvenirs me commandent de penser comme eux. Ma mère m'a cent
fois dit et toujours dans les mêmes termes : « Ton père avait tout
prévu et n'a pas caché son opinion à l'empereur qui ne lui a pas
pardonné d'avoir eu trop raison !... Ne pouvant rien empêcher, le
maréchal a tout fait pour préparer un succès *auquel il ne croyait
pas*; et, après les désastres qu'il avait pressentis, il a eu la grandeur d'âme de ne jamais faire allusion à ses prévisions, trop justifiées par l'événement! Le maréchal était un homme admirable, et si
l'empereur l'eût écouté, il serait mort empereur ; mais on aime rarement ceux qui voient mieux que nous, surtout quand on est Napoléon ! »

Je n'ai pas changé un mot à ces chères paroles, qui me semblent
clore triomphalement le débat.

semble digne de notre plus reconnaissante admiration, et les paroles que l'auteur de ce volume a bien voulu consacrer « *à la fille du lion* » m'ont été tout droit au cœur.

Je ne saurais résister au besoin de remercier ceux qui ont essayé de comprendre mon père et qui ont parlé de lui avec loyauté et sympathie.

M. Cousin, un des premiers, a encouragé mes essais de piété filiale; il m'écrivait de Cannes le 3 janvier 1862 : « Je vous vois agréablement occupée à rechercher l'histoire de votre famille. Recueillez avec soin les moindres faits de votre illustre père, puisqu'il ne vous reste plus qu'à y glaner; mais la moisson est si riche que vous trouverez encore bien de nobles épis à recueillir. »

Il y a éloges et éloges, tout ce qui ressemble à un compliment de complaisance froisse certaines âmes, mais il y a de gracieuses louanges qui épanouissent le cœur et le remplissent d'une bienfaisante émotion.

Je n'ai pas l'avantage de connaître M. Bougier, mais un article à propos des *Roses de Noël* trouvé dans le *National*, en avril 1884, et signé de lui, m'a été singulièrement doux. On le comprendra en lisant ces lignes : « Aimable, Mme de Blocqueville sait l'être; sa philosophie est souriante, sa morale, pour être chrétienne, n'a rien d'austère, et, dans ce rôle d'aïeule qu'elle se donne avec coquetterie, elle est excellente. *Ce n'est pas à la fille de Davout, l'impeccable soldat, qu'il faut demander de cacher son drapeau.* Mme de Blocqueville arbore fièrement ses couleurs et ne dissimule pas sa foi. »

Je veux aussi remercier M. Pellerin d'avoir à peu près seul rappelé, à propos de la publication de M. de Mazade : « que la fille de Davout avait cherché à révéler l'âme de son père. »

Plus d'une fois M. Pellerin a témoigné par de nobles et gracieuses paroles de la plus bienveillante sympathie pour mes œuvres, et cette sympathie me touchait d'autant plus qu'elle ne pouvait m'être suspecte, puisque j'ai le regret de ne pas connaître M. Pellerin. Puissent ces mots de sincère et haute gratitude arriver jusqu'à lui !

Les articles que M. Ernest Bertin a publié dans le *Journal des Débats* sont noblement pensés, et donnent une si juste idée de l'âme et du caractère du prince d'Eckmühl, que nous avions songé à les donner ici, mais ce volume est déjà très chargé et les longues lectures effraient beaucoup de lecteurs.

Nous ne saurions oublier une belle étude inédite qu'il nous a été donné de lire, étude faite par M. l'abbé Léon Brocard, sur la vie du maréchal Davout. Ce travail contient des pages excellentes à propos de la marche qui précéda la bataille d'Eckmühl. Le mot de l'empereur, déjà cité, est considéré par la charité de l'écrivain comme un cri d'admiration. Nous le croyons ici dans l'erreur, et le difficile gouvernement des villes hanséatiques, imposé au prince d'Eckmühl, n'était-il point un éloignement, une disgrâce, plutôt qu'une récompense?... Le cœur de l'épouse ne s'y trompa pas, et une fort belle lettre de la maréchale, publiée dans notre troisième volume intitulé « *Hambourg* », le dit avec éloquence.

Nous tenons à reproduire une note de M. l'abbé Brocard, introduite en cette étude, tant elle nous semble juste : « Il est impossible de ne pas être saisi d'étonnement en voyant le tombeau du maréchal au Père-Lachaise. C'est une grande plaque de granit, surmontée d'un tumulus, également de granit, sans aucune inscription ni sculpture. Rien de plus majestueux et de plus sévère. Le sépulcre a pris quelque chose de la physionomie de celui qu'il recouvre. »

Sa veuve l'a voulu tel, et, en effet, cette simplicité auguste convient à celui dont la qualité maîtresse était une rare modestie : modestie qui le portait à estimer les autres et à se défier de lui-même.

Cette salutaire défiance lui imposait le soin de tout prévoir, de tout préparer, avant d'entreprendre une action de guerre. Celui qui oublie de compter avec l'ennemi est déjà à demi vaincu, et les constants succès du maréchal ont été le fruit de cette supériorité trop rare : la modestie.

M. Léon Hennet a publié, à la librairie militaire, une excellente brochure propre à faire penser ce que nous disons ici : la fréquentation des archives de la guerre l'a initié au beau mystère de cette fidélité de la fortune envers le maréchal. Ce travail est d'autant plus précieux pour les paresseux et les avares de leur temps, qu'il dit beaucoup de choses et donne même quelques détails nouveaux en très peu de paroles. J'ai à le remercier de m'avoir révélé une erreur involontaire qui s'est glissée dans mon quatrième volume. Je ne pécherais jamais volontairement contre la vérité, par obéissance même au plus noble sentiment que puisse contenir le cœur humain, l'amour filial.

Nombreux sont les écrivains que j'aurais encore à remercier. Le baron de Saint-Amand a parlé du maréchal, dans ses intéressants écrits, avec une sympathique admiration, d'autant plus touchante que c'est chez lui sentiment d'héritage.

A M. Claretie je dois d'avoir retrouvé une noble lettre, longtemps cherchée sur une indication trop vague de M. E. Quinet. MM. de Saint-Valry, Racot, Buet, et d'autres encore, ont bien voulu saluer les récits de l'âme et de l'esprit du maréchal, par moi édités.

Je ne voudrais pas imiter M. Charles de Mazade, en passant sous silence son importante publication des lettres militaires du maréchal prince d'Eckmühl. Je l'imiterai d'autant moins, que l'Italie et même l'Allemagne ont pensé que le docte écrivain avait eu tort de ne point relier le grand capitaine au grand homme de bien. J'ai reçu d'Italie des paroles empreintes du plus vif étonnement, de voir la publication « *qui a fait aimer le maréchal, même de ses adversaires* », entièrement passée sous silence, bien que l'éditeur en cite certains passages, à l'abri du plus discret mystère.

Un juge éminent, et considéré comme tel, de toutes les questions délicates, auquel je demandais son opinion sur ma publication et sur celle de M. de Mazade, à propos du maréchal prince d'Eckmühl, me répondit textuellement :

Votre livre sur votre père, Madame, contient des documents essentiels qui éclairent tout particulièrement, non seulement le caractère du maréchal, mais l'esprit et les mœurs de l'époque impériale. Cela est absolument vrai, et je ne l'ai jamais mieux compris qu'en lisant la publication Mazade. Certainement elle est intéressante, mais je n'hésite pas à le dire, il n'y a aucun de ces documents qui, pour la connaissance de l'âme, des opinions, des passions, même de l'esprit militaire (j'entends ici parler de la manière dont le maréchal comprenait la nature de son état, l'étendue de ses devoirs, les prescriptions particulières qu'il impose, ses points d'honneur, etc.), vaille le plus petit des documents donnés par vous. Je suis arrivé à la fin de ces quatre volumes, et si je comprends mieux la marche des événements militaires, je me dis que si vous n'aviez pas publié votre livre, je ne saurais absolument rien de l'homme, et c'est là une supériorité incontestable que garde votre livre et qu'il gardera pour l'avenir : l'historien futur le consultera plus volontiers que l'autre, et avec juste raison, car vos documents sont plus significatifs.

Cette parole, recueillie d'une bouche ennemie de la flatterie, m'a prouvé que je n'avais pas dépensé en vain pour la mémoire de mon père beaucoup d'années de ma vie.

Nous aurions été plus étonnée encore de voir M. de Mazade passer sous silence l'existence de mon neveu, le comte Vigier, fils unique de la fille favorite du maréchal, et celle du dernier enfant du prince d'Eckmühl, consolation et sourire des années d'exil et de maladie de son père, si l'*Introduction* de l'écrivain, dont je suis loin de partager toutes les opinions, ne m'avait semblée l'œuvre d'un homme soumis à une de ces étonnantes sujétions dont la science moderne nous parle tant.

On dit M. de Mazade, que je n'ai point eu l'occasion de rencontrer, très honnête homme ; ayant l'honneur d'être académicien, il doit nécessairement savoir écrire, et on ne le dirait vraiment pas en lisant sa lourde préface. La parole de l'écrivain, sans doute tracassé par sa conscience, se fait hésitante comme sa pensée; si bien que parole et pensée finissent par se perdre dans une petite forêt vierge de *qui* et de *que* très pénible à explorer.

On peut être immortel, puisqu'il est convenu d'appeler ainsi les trop mortels membres de l'Académie française, sans être infaillible, et nous dirons donc franchement que nous trouvons l'histoire militaire du maréchal Davout entièrement à refaire.

Toute manifestation de la pensée d'un aussi illustre homme de guerre ne saurait manquer d'attirer l'attention ; mais cette publication, de l'avis de personnes très compétentes en pareille matière, aurait pu et dû être comprise autrement.

On accuse même l'auteur d'avoir amputé certaines lettres et d'avoir retranché certains beaux passages, ne rentrant probablement point dans le plan de l'esprit auquel l'écrivain semble fatalement soumis. Nous le répétons, le choix des documents a sans doute été fait sous le coup d'une bizarre obsession intellectuelle, et nous voudrions voir l'histoire du prince d'Eckmühl écrite par un philosophe sans amour autre que l'amour de la vérité et ne séparant pas l'homme du soldat, car c'est le caractère de l'homme plus que la

science et le bonheur du guerrier, qui fait de
Davout un homme antique, un homme qui ne fut
ni pour ceux qu'il aimait, ni pour ceux qui le
flattaient, mais toujours et quand même pour le
Devoir, ce grand mot que le Maréchal écrivait
avec un D majuscule. Oui!... pour le Devoir et
pour la France !

Même l'honneur, cette vertu brillante, mais
secondaire, Davout n'eût point hésité à la sacrifier au devoir, et c'est là la marque particulière
de cette âme à la fois antique et chrétienne de
race et de sentiment, puisqu'à une heure de terrible angoisse il écrivait à sa femme ces paroles
déchirantes : « Je t'avais promis, mon Aimée, à
l'époque de ton rétablissement, de t'expliquer quelques phrases obscures sur notre campagne : il faudrait entrer dans trop de détails sur les peines
qu'a éprouvées ton Louis ; elles ont été si vives
que, malgré qu'il te soit très attaché ainsi qu'à ses
enfants, il se serait détruit s'il avait eu une heure
de suite des idées d'athéisme. Ce qui l'en a empêché
c'est l'espérance qu'il reste quelque chose de nous :
alors notre souverain appréciera ses amis et ses
ennemis; fasse le ciel qu'il les connaisse bientôt,
car ils nous font bien du mal ! Peut-être qu'il les
connaîtrait déjà, si je n'étais pas aussi délicat. »

En décembre 1883, par une vente d'autographes,
je suis entrée en possession d'une lettre signée :

« *Ch^er Davout* », lettre d'une très grande importance pour moi, car elle confirme l'assertion, timidement émise dans le premier volume du *Maréchal Davout raconté par les siens et par lui-même*[1], à propos des relations de Louis Davout avec Mirabeau, assertion vivement contredite par les plus intelligents critiques. « *A l'âge qu'avait votre père, comment aurait-il pu entrer en relations avec un homme tel que Mirabeau! En vérité, Madame, cela est tout simplement impossible! me disait-on, et cependant... CELA ÉTAIT*.

Cette lettre affirme, ce semble, que l'intuition est souvent plus perspicace que le jugement des esprits justement considérés comme éminents !

Hesdin, 24 avril 1790.

Monsieur,

Un jeune officier, mais quoique cela bon patriote, a l'honneur de vous prévenir d'une chose qui se pratique dans presque tous les régiments de l'armée, qui est attentatoire à la liberté, aux droits de l'homme et aux décrets de l'Assemblée Nationale. Voici le fait :

La plupart des chefs des régiments font main-basse sur les paquets, les lettres, etc., qui sont adressés au corps des officiers, sous-officiers, cavaliers, soldats, etc. Cette vexation est, je crois, autorisée par une loi de l'ancien despotisme des ministres; la chose va plus loin, car

---

1. Page III de l'Avant-propos.

toutes les lettres adressées à des officiers, bas-officiers. cavaliers, soldats, etc., qui paraissent suspectes, sont saisies par les chefs qui les brûlent.

Il n'est pas besoin, je crois, d'exciter votre indignation autrement que par l'exposé pour vous engager à arranger cet article, dans votre journal, à votre manière, et de le communiquer, s'il est nécessaire, aux autres journalistes, afin d'exciter l'armée à réclamer contre cette vexation.

J'ai eu l'honneur d'en faire part à monsieur le comte de Mirabeau, qui prendra sûrement en considération cet article qui est une des principales causes du peu de progrès que les nouveaux principes ont fait dans l'armée.

J'ai l'honneur d'être, Monsieur, votre très humble et très obéissant serviteur,

Le Ch^{er} DAVOUT,
Officier au régiment Royal-Champagne, cavalerie.

P. S. Je vous prierai, Monsieur, de taire mon nom, si vous jugez à propos de parler de quelque chose dans votre journal : car si monsieur de Fournèze, le colonel du régiment, député à l'Assemblée Nationale (mais de ceux qui sont du coté droit de la salle), si monsieur de Fournèze, dis-je, venait à en avoir connaissance, il ferait tout son possible pour me nuire ; il y réussirait sûrement, car dans notre régiment il y a plus d'un aristocrate. Gardez-moi le secret, et, en bon patriote, je vous dénoncerai encore bien des injustices que nous avons la sottise de souffrir. Nous sommes plusieurs qui travaillons à en faire un recueil que nous vous enverrons dans quelque temps ; mais c'est à condition que vous nous garderez le secret.

A Hesdin, ce 24 avril 1790.

Armée de la Moselle.

Au quartier général, à Strassen, le 4 Germinal,
an III de la République.

LE GÉNÉRAL DE BRIGADE DAVOUT A SON AMI AMBERT.

Je t'envoie, mon cher ami, le déserteur Gond, afin que tu lui remettes l'arrêté du représentant du peuple Neveu, pour toucher auprès du payeur général la somme qui lui est accordée par cet arrêté.

Comme je lui ai avancé 125 fr., je mande au payeur, dans une lettre que tu trouveras ci-jointe, qu'il lui retienne sur les 300 fr. les 125 fr. Je le prie de te remettre cette somme. Tu pourras, en lui envoyant ma lettre, écrire un mot au bas, afin qu'il ne fasse aucune difficulté.

Demain j'aurai le plaisir de dîner avec toi, soit chez Tolmey, soit chez toi. En attendant, je t'embrasse.

Ton sincère ami,

L. DAVOUT.

Je t'envoie aussi la copie de l'arrêté de Neveu que tu m'as envoyé dans le temps.

Armée de Rhin-et-Moselle.

Au quartier général, à Spire, le 4 Prairial, l'an III de la
République française, une et indivisible.

LE GÉNÉRAL DE BRIGADE DAVOUT A SON AMI BOURBOTTE.

On vient de me faire le rapport, mon cher ami, que Maupertuis avait vendu le cheval de la république qu'il montait; je t'en préviens, afin que tu puisses lui donner une forte leçon lorsque tu le verras.

C'est être vicieux de bien bonne heure : il paraît que ce jeune homme était très dérangé; beaucoup de personnes sont venues me faire des réclamations; il est d'autant plus coupable que, de la part de ses parents, je lui ai remis, depuis quatre ou cinq mois, près de 14 à 1,500 francs, somme plus que suffisante pour ses besoins, puisque, vivant chez moi, sa nourriture ne lui coûtait rien. Il faut que ses parents le surveillent de près et répriment ses penchants au vice pendant qu'il est encore jeune. Il a joué de très mauvais tours à un de mes domestiques, annonçant beaucoup d'indélicatesse.

Dans deux jours je serai rendu à ma destination, devant Mayence.

Je ne puis t'exprimer, mon ami, combien j'ai eu l'âme serrée et navrée toute cette journée, depuis mon entrée dans le Palatinat jusqu'à Spire, ce qui fait quatre à cinq lieues de pays.

J'ai vu les plus belles plaines du monde incultes, délaissées, au point qu'il n'y a pas, je crois, un pouce de terre de remué. J'ai pris, en passant dans les villages, des informations : plusieurs de ces malheureux m'ont dit que c'étaient les commissaires-grippes qui en étaient les auteurs; que ces gens leur avaient tout enlevé, chevaux, vaches, bœufs, etc.; jusqu'aux vitres, jusqu'à des tuyaux de poêle; aussi les maisons ont l'air d'être inhabitées.

Enfin, mon cher ami, toutes les atrocités possibles ont été commises par ces abominables scélérats; ils ont mis dans plusieurs villages des femmes en réquisition pour satisfaire leurs infâmes désirs : ma plume se refuse à retracer ce dont mon cœur est déjà si indigné. Il n'y a rien que ces scélérats n'aient fait pour rendre en horreur le nom français dans tous ces pays conquis par la valeur de nos armées. La nation tôt ou tard fera justice de tous ces brigands qui, plutôt que d'évacuer les comestibles, se sont amusés à ruiner tous les malheureux habitants et ont jeté à l'eau le blé, ce dernier fait est certain. Tu vois qu'il y avait des monstres qui travaillaient à l'extérieur à faire détester le nom français, comme il n'en existe que trop aussi, dans ma malheureuse patrie, qui voulaient y faire détester le républicanisme en commettant, sous cette ombre sacrée, des forfaits que la postérité ne voudra pas croire. Enfin, ce malheureux temps est passé, et certes, pour toujours : la paix est faite avec plusieurs princes de l'empire et sur le point de se conclure avec beaucoup d'autres ; le passage du Rhin, que très certainement nous ne tarderons pas à tenter, et qui, suivant toutes les apparences, réussira, achèvera le reste et nous donnera une paix générale. Fasse le ciel que cette paix existe aussi dans ma patrie ; qu'il serait douloureux pour ceux d'entre nous qui auront échappé à tous les périls de la guerre de ne point trouver dans leur pays un bonheur qu'ils ont si bien mérité et gagné ! Serons-nous encore exposés à la tyrannie de quelque comité révolutionnaire, de quelque club, et par quelle fatalité faut-il que nous ne sachions à quoi nous en tenir, qu'au lieu d'avoir de l'espoir, nous n'éprouvions que des craintes ; pourquoi tous les Français ne sont-ils pas les témoins de la fraternité, de toutes les vertus républicaines qui règnent dans nos camps ; à la vérité, il ne se trouve pas de brigands parmi nous, mais le nombre de ces derniers est-il donc si grand dans ma patrie ? Je ne le pense pas.

Que la Convention fasse poursuivre *les dilapidateurs de la fortune publique* et les assassins ; il ne restera plus dans la société que des braves gens, qui auront quelquefois des dissidences d'opinion, mais qui sympathiseront de cœur et qui abjureront bientôt tout esprit de vengeance.

Mais, pour cela faire, il faut de l'union dans la Convention, il faut que tous les députés oublient l'opinion qu'ils ont professée à telle ou telle époque et se rappellent seulement qu'ils sont Français: malheur à ceux qui ne sont pas glorieux de ce titre!

Il n'y a pas un soldat dans l'armée qui ne se sente l'âme élevée en pensant qu'il est Français et qu'il a contribué pour sa part à la gloire dont ce nom est couvert chez les autres nations de l'Europe.

Les nouvelles des 27 et 28 que j'ai lues à Strasbourg m'ont vivement affecté; on y a jeté encore dans l'Assemblée, comme pomme de discorde, la constitution de 1793. Eh bien, discutez froidement les articles que l'on trouve mauvais, et si, après un mûr examen, vous le trouvez aussi, le bonheur de la France vous fait un devoir de rectifier ce qui pourrait faire pendant des siècles le malheur de plusieurs millions de vos concitoyens.

Il me semble, moi, que si j'étais dans l'Assemblée, j'émettrais franchement mon opinion, que je la soutiendrais sans invectiver personne, jusqu'à ce qu'on m'ait prouvé que j'ai tort; en tenant cette conduite, on ne se fait pas d'ennemis et l'on acquiert l'estime de ses compatriotes.

Oui, si j'étais dans la Convention actuellement, je m'élèverais avec force contre les massacres derniers de Lyon, parce que peu m'importe que les victimes soient réputées terroristes ou royalistes (je les hais autant les uns que les autres); il n'en est pas moins constant que ce sont des assassinats, puisque ce n'est pas en vertu d'un jugement qu'ils sont mis à mort, et si la Convention ne se prononce pas hautement contre ces atrocités, la France n'offrira plus que des égorgés et des égorgeurs.

Voilà de tristes vérités qui affligent le cœur de ton brave ami, qui cherche la vérité et qui veut le bien. Il pourra avoir quelquefois des opinions erronées, mais son cœur sera toujours pur, tout dévoué à sa patrie et à ses amis. Tu sais que tu es un des premiers que je voudrais voir réuni avec moi ; que d'inquiétudes j'aurais de moins, je ne craindrais pour tes jours qu'un jour d'action. Eh bien, je t'avouerai que, dans le poste délicat que tu occupes, je crains sans cesse ; je t'en conjure, par notre amitié, éloigne-toi de toutes les factions, ne crains point de revenir sur des opinions erronées que tu pourrais avoir émises ; veux-tu que je te donne un exemple ? C'est Tallien que je te citerai ; certes il a émis bien des opinions qu'il se reproche aujourd'hui peut-être, mais il a eu le bon esprit, du moins, de ne pas s'entêter à soutenir ses œuvres passées et des systèmes mauvais.

J'ai vu avec peine que tu te sois mis en butte à la haine de beaucoup de monde par la demande d'appel nominal : dis-moi, si, dans un moment où les esprits sont exaspérés par les circonstances, ou par toute autre raison, on avait adopté la proposition qui avait été faite de mettre en arrestation tous les députés qui avaient signé cet appel nominal ? Eh bien, mon ami Bourbotte aurait été sans aucun fruit pour la république : persécuté, enfermé dans un château de Ham, des journalistes auraient imprimé que tu étais un scélérat. Tous ceux qui auraient lu le journal, et qui, comme moi, n'auraient pas été ton camarade d'enfance, ton ami ; qui ne connaissent pas comme moi, ou ceux qui ont vécu avec toi, ta belle âme, ton cœur généreux et obligeant, **ta** bravoure ; qui ignorent que tu t'es battu dans la Vendée comme un brave soldat; que tu as eu des chevaux tués sous toi; tous ceux-là, dis-je, le croiraient : tes ennemis profiteraient de la circonstance, et s'ils ne parvenaient pas à te perdre, au moins il resterait toujours une cicatrice des calomnies qu'ils auraient débitées à leur aise sur toi.

Songe que l'âme de ton ami sera profondément affligée de tous les malheurs que tu pourrais éprouver; songes-y, afin que cette idée te porte à t'éloigner de cette mer orageuse où tu es jeté; ancre-toi toujours au port qui est la majorité de la Convention, qui, je crois, toute entière veut ce que nous voulons tous : la république, et ce que nous aurons malgré les intrigues de quelques malveillants qui, il est vrai, dans plusieurs campagnes surtout, cherchent à royaliser et à fanatiser les esprits faibles ; mais que peuvent-ils faire contre la presque universalité des Français, contre les armées entières et la Convention, surtout si elle établit le calme dans l'intérieur : nos ennemis ne tablent que sur nos troubles.

Je t'en écris bien long, mon cher Bourbotte, malgré cela je ne puis te rendre toutes mes idées, te donner tous les conseils que me dicterait la vive amitié que je te porte : Il faudrait que je t'écrive des in-folio. Donne-moi donc de tes nouvelles, il y a des siècles que je n'en ai reçues ; écris-moi toujours à l'adresse que je t'ai donnée dans la lettre que je t'ai écrite il y a quelques jours, à mon départ de Strasbourg.

Adieu, mon ami, jouis d'une bonne santé, souviens-toi que ton ami te conjure, dans toutes les occasions et mouvements extraordinaires que la disette momentanée pourra occasionner, de t'ancrer au port qui est la majorité de la Convention ; souviens-toi, si tu te précipitais dans un parti, qu'en révolution, malgré un cœur honnête et probe, l'on devient facilement criminel. Sans doute si l'on te connaissait comme moi, l'on t'excuserait, en rejetant le tort sur une tête trop chaude et trop facile à exaspérer et tromper ; mais ceux qui ne te connaitraient pas, ah! mon ami, ils voudraient ta perte.

Fais connaissance de Dubois de Crancé, je le connais assez pour répondre de son républicanisme, et, dans les occasions délicates, il pourra te donner de sages avis. Je t'ai souvent reproché d'être trop facile et trop complaisant ; si tu n'y prends pas garde, tôt ou tard cela pourrait t'occasionner des chagrins et, par contre-coup, tu en donnerais à ton ami, qui, certes, t'a donné encore aujourd'hui une nouvelle preuve d'amitié autant par la longueur que par le contenu de cette lettre.

Adieu encore une fois.
L. DAVOUT.

Cette longue lettre, si vibrante d'amitié, si remplie de sagesse et de patriotisme, nous offre, ce semble, le programme de la vie entière du maréchal ; nous avons donc respecté jusqu'à ses incorrections de style, qui rendent la spontanéité de la pensée plus frappante encore. Uniquement occupé du désir de sauver son ami, les paroles s'échappent, ardentes, passionnées, sans souci de la forme, du cœur de Davout qui s'adresse au cœur de Bourbotte. A ces pages, qui ne furent jamais lues par celui à qui elles étaient adressées, mais qui figurent dans le procès des inculpés du 1er prairial (Bourbotte, Ruhl, Soubrany), nous demanderons encore le démenti d'une accusation trop souvent répétée. On a reproché au prince d'Eckmühl d'avoir abjuré les opinions de Louis Davout. La vérité est que le maréchal, profondément libéral, aimant la liberté d'un amour tout désintéressé, a renié la république en la voyant oppressive, despotique, cruelle, anti-libérale enfin !

Nous avons vu le maréchal Davout lutter contre Napoléon en faveur de l'indépendance de la Pologne; nous l'avons vu encore, comme pair de France, à la fin de sa trop courte carrière, réclamer énergiquement contre les mesures qui lui semblaient attentatoires à la saine et vraie liberté.

Les pensées exprimées par Louis Davout, dans la très belle lettre adressée à son ami Bourbotte, à quelques nuances près, sont donc les mêmes que les pensées exprimées plus tard par le prince d'Eckmühl : même amour de la France, de l'ordre, de la justice ; et si le maréchal a cessé d'être républicain, la faute, si faute il y a, doit retomber de tout son poids sur la république.

Ravières, par Ancy-le-Franc, ce 10 Vendémiaire,
an III de la République, une et indivisible.
(A vérifier : il faut que la lettre ait été mal adressée.)

Mon cher camarade,

Je vais te hasarder encore une lettre malgré tes occupations, à l'effet de te rappeler celle que Turreau t'a écrite il y a quelque temps et que l'on a dû te remettre.

Ce représentant te mandait son étonnement de voir que, malgré ce que *Carnot* lui avait dit, j'étais encore dans mes foyers : il te priait de vouloir bien faire ton possible pour faire disparaître les longueurs, et de communiquer, à cet effet, la lettre qu'il t'écrivait, à quelques membres du comité de salut public. Eh! bien, mon ami, aucune lettre d'avis ni d'ordre ne me sont encore parvenus.

Seulement un de mes amis à Paris m'a confirmé ce que Turreau m'avait assuré : je veux dire que j'étais destiné pour l'armée des côtes de l'Ouest.

Voilà tout ce que j'en *scais*, les délais que j'éprouve font que je n'ose pas croire à ce bonheur, je crains même d'être obligé de végéter encore longtemps : je mets ma plus grande espérance dans un homme qui a été à portée de me connaître, qui a vu ma conduite et mes principes dans plusieurs crises de la Révolution, qui sçait qu'il ne serait pas facile de trouver un citoyen plus dévoué à la cause de la liberté et de l'égalité, oui, plus franchement dévoué.

Cet homme qui me connaît, c'est toi ; je te remets mes intérêts, et j'ose assez compter sur ton amitié et ton ardent républicanisme pour être persuadé que je ne tarderai pas à être rappelé. Je ne suis ni intrigant, ni n'aime l'intrigue. Aussi, si mes amis qui me connaissent ne me servent point, je cours grand risque de rester dans mes foyers.

Je dois te dire que j'ai mis à profit, le mieux qu'il m'a été possible, l'année que j'ai déjà passée dans l'inactivité : ne pouvant me livrer à la pratique militaire, je me suis adonné à la théorie. Adieu, mon ami, pour que tu puisse me lire, je vais terminer, mais songe qu'on laisse dans l'oubli celui qui a fait fusiller Dumouriez[1]. Il est vrai qu'il n'y a guère que ceux qui étaient sur les lieux qui connaissent cette particularité : toi, tu y étais, tu sçais combien la crise était violente : je me suis contenté d'avoir fait ce que me dictait mon ardent républicanisme, et en vérité, sans toi, on n'aurait point sçu la part que j'ai prise dans les événements qui ont sauvé la patrie à cette époque.

On me laisse ici, sous le prétexte que j'ai été ci-devant, mais observe que depuis le commencement de la Révolution, sans aucun décret j'ai abjuré ces sottises (à l'âge de 19 ans); j'ai remis une pension de 200 livres que l'on m'avait donnée comme cadet-gentilhomme. Observe que maman, bien loin d'être en possession de droits

---

1. En me signalant la mise en vente de cette lettre, un ami cherchait à expliquer le mot : « *J'ai fait fusiller Dumouriez* ». Il faut tout simplement prendre cette parole dans son acception militaire : « *J'ai fait tirer sur Dumouriez.* » Dumouriez trahissait la France au profit de son ambition, et l'empereur Napoléon redisait au général Becker, lors de son voyage à Rochefort : « *Davout n'aimait que la France !* » Tout comme le jeune officier le dit ici de lui-même : Davout avait raison.

La correspondance de la marquise de Coigny, publiée chez Jouaust par le bibliophile Jacob, pages 261 et 279, montre Dumouriez traitre envers la France et voulant perdre Lauzun, sans souci des conséquences de cette haine ou de cette envie.

Ambitieux et perfide, ce personnage nous était instinctivement et profondément antipathique : il nous a donc plu de trouver de sérieux motifs à un si vif mouvement de répulsion.

féodaux nulle part, y était soumise au contraire à Ravières, ainsi que tout le reste des habitants ; elle était
tenue d'aller au moulin et au four banal. Mais au reste,
qu'importe tout cela ! Que l'on regarde mes principes et
ma conduite depuis le commencement de la Révolution,
dans les archives de l'hôtel de la Guerre. On y trouvera
la lettre de cachet que mon ardent patriotisme [1], alors,
m'a attiré. Mais j'allais entrer dans des détails trop longs.

A Dieu mon cher camarade, crois que, partout où
je serai, je te porterai estime et amitié.

Salut et fraternité,
L. Davout.

P. S. Je ne te parle pas de mes frères. Si je suis employé, je parlerai pour eux. J'ai reçu dernièrement des
nouvelles de Levasseur qui me mandait qu'il allait se
marier à Clermont, département de l'Oise. Il devait me
voir en passant, mais, ou son voyage est suspendu, ou
il n'a pas tenu parole. Mes frères te donnent le baiser
fraternel.

Cette pièce porte sur le catalogue de vente
la désignation suivante : « *Lettre adressée à
Camille Desmoulins.* » Jamais Louis Davout n'a
pu écrire à Camille Desmoulins, qu'il connaissait
à peine, si même il le connaissait (nous croyons
avoir la certitude contraire) : « *mon cher camarade.* » Desmoulins était mort d'ailleurs à la date
de cette lettre. Il serait intéressant de savoir à
qui cette lettre a été vraiment adressée. Au bas de

---

1. On lit dans l'original le mot de républi..... barré, par un instinctif amour de la vérité, afin d'écrire patriotisme.

la page, une main ferme, sans doute celle de l'un des possesseurs de cet autographe, a tracé ces mots : « Herzog von Auerstaëdt, Fürst v. Eckmühl. » A peine l'avions-nous achetée, que nous recevions la lettre suivante :

Paris, le 11 juin 1884.

Madame,

Depuis quelques années je m'occupe d'une biographie du général Louis-Nicolas-Hyacinthe Chérin (cousin germain de mon aïeul, le comte Jean Pacquement de Trooz, etc., fils de Bernard Chérin, écuyer généalogiste des ordres du Roi), né à Paris, en 1762, aussi général des ordres du Roi, conseiller à la cour des Aides, engagé volontaire en 92, employé à l'armée du Nord sous Dumouriez, etc..., chef de l'état-major général de Hoche en Vendée, en Irlande, sur le Rhin, etc..., mort en Suisse de ses blessures, en juin 1799, étant général de division, chef de l'état-major général de l'armée du Danube sous Masséna.

Sur un point, non élucidé, de la vie de Chérin, je désirerais, Madame, avoir l'honneur de vous consulter.

Un fait est bien connu : le lieutenant-colonel en second du 3me bataillon des volontaires de l'Yonne fit tirer sur Dumouriez en juin 1793. Or, presque tous les biographes s'accordent à mêler Chérin à cette affaire; les uns disent : « à la tête d'un bataillon de l'Yonne » ou « à la tête de quelques volontaires de l'Yonne »; les autres disent : « obéissant aux ordres de Davout »; un autre encore dit : « à la tête d'un bataillon de Seine-et-Oise; » etc...

Dans l'ouvrage d'un si haut intérêt que vous avez consacré, Madame, à votre illustre père, je trouve (tome Ier) la curieuse relation de « la poursuite et de la fusillade de Dumouriez » ; mais Chérin accompagnait-il le futur maréchal ? Ce dernier n'en dit rien.

La quasi-unanimité des biographes et une précieuse lettre de Louis Davout (datée de Ravières, 1er octobre 1794) le font penser pourtant.

Après la mort de Chérin, cette lettre fut donnée par sa veuve à mon aïeul, avec une foule d'autres documents et un sabre de Hoche.

Me permettez-vous, Madame, de réclamer le secours de vos lumières et de vous demander si, dans les papiers de Monsieur le maréchal Davout, vous avez trouvé des pièces provenant de, ou mentionnant Chérin, et pouvant fixer définitivement son rôle dans cette action ?

Dans l'espoir d'un accueil bienveillant, je vous prie d'agréer, Madame, avec mes remerciements anticipés, l'assurance de mon plus profond respect.

G. Pacquement de Trooz,
119, rue Lafayette.

A cette lettre je n'ai pu rien répondre de certain.

L'histoire a ses énigmes que le temps éclaircit parfois. Dans le premier volume de notre *Maréchal Davout* nous avions émis l'idée que Daoud-Pacha, le terrible batailleur, pourrait avoir quelques rapports d'origine avec notre famille. Le monde est cependant si embrouillé, quoique si petit, nous ignorons tant des choses que nous devrions le mieux savoir, nous rencontrons tant de gens inconnus qui se trouvent être les intimes de nos amis, que je donnerai une courte généalogie (peut-être inexacte, certainement incomplète) trouvée en nos papiers, uniquement parce qu'elle indique un lien possible entre Daoud et les Davout, et qu'elle confirme ainsi les renseignements suivants, qui nous furent communiqués par un docte ami, intéressé à une assertion émise par nous sans preuves, mais par intuition.

Les d'Avout ou de Davot, par leur alliance avec les comtes de Châlons, ont pu s'allier à la maison de Chypre et de Lusignan ; enfin, depuis 1393, que mourut à Paris *Roupen*, prince arménien, de nouveaux liens ont pu se former. « Gabaret Artin Davoud-Oglou est né à Constantinople en 1816. Catholique arménien, il a fait au collège français de Smyrne de bonnes études, à en juger par les travaux qui l'ont fait recevoir « *doctor utriusque juris* » par l'Académie des sciences d'Iéna et lui ont fait obtenir une médaille de l'Académie des sciences de Berlin en 1858. Davoud a étudié la médecine et la peinture. Davoud laisse dire qu'il descend de Léon VI, de la maison de Lusignan, de Chypre. L'Arménie, envahie par les Turcs Seldjoucides, fut réduite à une principauté cachée dans les gorges du Taurus et défendue contre Gengis-Khan par Roupen, prince arménien, dont les descendants s'allièrent aux princes d'Antioche, de Chypre et d'autres pays de l'Orient et de l'Occident. Les descendants de Roupen régnèrent dans la Cilicie pendant environ quatre siècles. Le dernier, Léon VI, de la maison de Lusignan, de Chypre, fut emmené par les Égyptiens, puis se réfugia en Europe et mourut à Paris, où il s'était fixé, en 1793. Ce dernier fait est exact. Davoud descendrait donc de Roupen et de Léon VI. »

La similitude de nom, les probabilités d'alliances ne donnent-elles pas à notre « *peut-être* » plus de fondement que nous ne le pensions en le prononçant d'abord ?

GÉNÉALOGIE DU MARÉCHAL D'AVOUT COMMENÇANT PAR LUI.

Maréchal d'Avout, Louis-Nicolas, duc d'Auerstaëdt, prince d'Eckmühl, fils de Louis-François d'Avout, qui épousa Mlle Minard de Velars.

Louis-François d'Avout, seigneur de Vignes, qui épousa en 1641 Edmée de Sainte-Maure.

Nicolas d'Avout, deuxième du nom, fils de Nicolas Ier, seigneur en partie de Domecy-sur-Levault, qui épousa en 1598 Françoise de Vaussier.

Nicolas Ier, fils de Pierre II, qui épousa en 1573 Marguerite de Chappe.

Pierre II, fils de Claude Ier, seigneur de Tormassin, Villers-Dompierre et Domecy, qui épousa Barbe de Marry.

Claude Ier, fils de Pierre Ier, qui épousa Claude Labesire. C'est à lui que fut donné le fief de Vignes en 1522.

Jean III, qui épousa : 1° Marguerite de Crécy, — 2° Marguerite de Saint-Père, — 3° *Perrette de Châlons*.

Jean II, fils d'Ithier, qui épousa en 1410 Jeanne de Flavigny.

Ithier, fils de Jacques II, qui épousa Jehanne d'Etables.

Jacques II, fils de Jehan II, qui épousa : 1° Hélène de Balot, dame de Brion-sur-Ource, — 2° Marguerite de Bar.

Jehan II, fils de Huguenin d'Avot.

Huguenin d'Avot, fils de Miles.

Miles, fils de Jehan d'Avou (1259),

Jehan d'Avout, d'Avou, Ier du nom, seigneur de Cussey-sur-Loire, vivait vers l'an 1240.

Cette généalogie, tracée par une main inconnue, a de visibles lacunes et sa parfaite exactitude serait à prouver, mais *nous avons voulu la donner, au moins à titre d'indice*.

C'est à un tout autre titre que nous donnons le document de curieuse sottise que voici.

Un certain Sergent, marié à Emira Marceau, et qui avait ajouté à son nom le nom de son illustre beau-frère, dans un ridicule opuscule accuse « *Davout, chef d'une police secrète, de l'avoir fait expulser de Paris en disant à Bonaparte qu'il était dangereux par son influence.* »

Dangereux, en vérité, je ne saurais le croire, après avoir lu son burlesque « *Hommage de l'amour à la vertu* »; mais je pense que ce Sergent s'est vanté en écrivant les lignes suivantes, qui contiennent d'ailleurs d'autres erreurs: « *Le général Davout, lieutenant de cavalerie au commencement de la révolution, avait été enfermé, par une lettre de cachet, au secret pour la vie. J'avais fait cesser cet ordre par un décret de la constituante, qui le fit rentrer dans son grade! Cette justice, je l'avais sollicitée au nom des habitants de Paris, avec éclat. Deux ministres du roi durent par-là perdre leur portefeuille. Davout s'était depuis lié avec Marceau et voulait lui faire épouser sa sœur*..... »

Nous avons fait allusion à ce projet de mariage, dont ma tante, la comtesse de Beaumont, parlait quelquefois; nous avons donné une lettre du frère de Marceau adressée au frère de Louis Davout, lettre qui n'a d'autre intérêt que d'attester la noble amitié qui unissait ces deux jeunes généraux, mais nous devons à la vérité de dire que Sergent n'est pas toujours aussi bien informé. Ne lui en déplaise, ce n'est point *au secret à vie*, mais bien *à être passé par les armes* que Louis Davout se vit condamné. Le danger était si pressant, que le brave commandant de la citadelle d'Arras, pris d'intérêt pour le sympathique officier de Royal-Champagne, touché des larmes de sa mère, se préparait à le faire évader sous des habits de femme, secrètement apportés par sa tante, Mme de Cissey, quand un décret de la Convention vint rendre Louis Davout à une liberté, dont il ne voulut d'abord point. En insistant sur ces détails, si nous avions, en notre premier récit, omis de parler du costume féminin que la jeunesse et le visage du prisonnier ne rendront incroyable pour aucun de ceux qui auront vu le portrait de Louis Davout à l'heure de ses prisons, c'est que nous avions redouté de donner un air de roman à une véridique histoire.

Nous avons encore une observation à faire sur le récit de Sergent : Comment est-il parvenu à émouvoir le *peuple de Paris* en faveur d'un jeune Bourguignon de race noble?... C'est-là chose aussi improbable que l'accusation de *policier secret* portée contre le maréchal Davout, dont nous avons lu les lettres de cette époque adressées à sa femme. Enfin Mme Emira Sergent-Marceau, plus encore que le prince d'Eckmühl, aurait eu le droit de se plaindre des singuliers traits d'esprit que lui prête son mari.

Avant de croire le mal et d'accuser un innocent, il conviendrait de savoir se renseigner. La lettre suivante nous dira de quel grand soldat une erreur fatale a failli priver la France.

Celui dont les plus violentes inimitiés n'ont jamais osé attaquer la rigide probité, dans sa fière délicatesse n'admettait pas le soupçon.

AU GÉNÉRAL DE DIVISION REYNIER, A OFFENBURG.

Oberkirch, le 19 Prairial, an V de la République.

J'ai reçu hier soir, Général, votre lettre et la copie de celle du général en chef qui y était jointe. Il m'est impossible de vous rendre jusqu'à quel point le contenu m'en a affecté. Il me devient impossible de continuer le service, puisque mon général en chef a de telles idées de mon caractère et de ma délicatesse ; je fais trop de cas de son estime pour n'être pas très peiné du simple soupçon de ne pas avoir la sienne.

La publicité que moi-même j'ai, dès les premiers jours, donnée à toutes ces affaires, suffirait seule pour prouver que je ne croyais point avoir commis des actions qui blessaient la délicatesse. Tout ce que je vous ai dit à ce sujet est de la plus exacte vérité, nonobstant les procès-verbaux dont j'ignore le contenu.

Je ne veux pas, Général, abuser plus longtemps de vos moments, en entrant de nouveau dans des détails sur cette affaire dont je ne vous ai déjà que trop entretenu. Je me borne à vous faire part du parti que la lettre du général en chef me force de prendre.

Je vous prierai d'attendre quelques jours, pendant lesquels je vendrai mes chevaux pour parfaire les sommes qui ont été touchées dans les endroits où je commandais, malgré qu'une partie de cet argent ait été donnée à d'autres personnes; je vous enverrai cet argent en vous priant de le faire tenir au trésorier de l'armée : à cet envoi je joindrai celui de ma démission.

Je dois vous réitérer, Général, la déclaration que je vous ai déjà faite, que les aides-de-camp Gobreck et Malivoire ne sont pour rien dans cette affaire, qu'elle me regarde seul. Je vous serai donc obligé de les mettre hors de cause.

Si le général en chef avait désiré, auparavant de former son opinion sur cette affaire, avoir quelques explications de moi, j'ose croire qu'elle n'aurait pas eu cette issue de me forcer à quitter un état où toutes mes idées étaient tournées depuis ma jeunesse, état que j'ai toujours aimé avec passion. Quoi qu'il en soit, si la République n'est pas privée en moi d'un bon officier, vous, Général, vous y perdez quelqu'un qui vous est sincèrement attaché.

J'ai encore, malgré la nuit, la tête et les idées bouleversées de la lettre du général en chef qui, par malheur pour moi, ne connaît pas mon caractère.

L. Davout.

Quartier général de Rheinzietern, 18 Fructidor.

Au général Ambert, a son quartier général de Belheim.

Le commandant des hussards, mon cher Général, vient de m'observer que les deux escadrons de hussards qui étaient à Rilzheim foulèrent beaucoup ce village, qui l'a été constamment depuis le commencement de la guerre : vu le peu de fourrages que l'on donne aux hussards, il est impossible de les empêcher de prendre furtivement du fourrage à leurs hôtes, ce qui leur porte un grand préjudice. Je te prie de m'autoriser, en conséquence de cette demande, à faire sortir de ce village un escadron pour l'envoyer dans un des villages voisins de Rhein-Zabern. D'après les renseignements que j'ai pris, il résulte qu'à 3/4 de lieues de cet endroit, il y a un grand village qui n'a eu encore aucune troupe et qui n'a point souffert ni du débordement ni de rien. Ce village se nomme *Haina*. Le village de Steinveiler est dans ce même cas, et il est à 12 lieues de Rhein-Zabern. J'attends, mon cher Général, tes ordres sur cette réclamation.

Salut et amitié,

L. Davout.

Cette lettre est singulièrement intéressante en ce qu'elle nous montre le futur maréchal déjà tout entier formé dans le jeune officier; elle nous dit comment déjà il savait écouter les observations et se faire renseigner; comment il se préoccupait des souffrances du pays occupé, avec quel esprit de justice il songeait à répartir les inévitables charges de la guerre, comment enfin il se montrait déférent et courtois envers ses camarades, bienveillant envers ses subordonnés. La lettre suivante en est une preuve nouvelle.

Armée D.

Quartier général de Brescia, le 2 Frimaire,
an IX de la République française.

DAVOUT, GÉNÉRAL DE DIVISION COMMANDANT EN CHEF LA CAVALERIE, AU CHEF D'ESCADRON MARTIGUE, A LA SUITE DU 4e CHASSEURS.

J'ai reçu, citoyen, votre lettre et la lettre de service que je vous avais adressée pour le 3me de cavalerie.

Je me ferai un plaisir de soumettre votre demande au général en chef et je vous instruirai de la décision.

Si je vous ai placé dans un régiment de grosse cavalerie, c'est que je tenais beaucoup à conserver à l'armée un bon et brave officier. Il n'y avait que ce seul moyen, n'y ayant point de place de chef d'escadron vacante dans les troupes légères.

Je vous salue,

L. DAVOUT.

De 1790 à 1805

Dans le premier volume du « *Maréchal Davout raconté par les siens et par lui-même* », j'ai donné une rapide analyse du passage du général Davout en Égypte; j'ai parlé avec enthousiasme de cette épopée de la jeunesse de mon père, se battant en paladin, cherchant Mourad et peut-être le danger jusqu'au désert!

Je l'ai montré, rapide comme l'ouragan, poursuivant les Méquins et les Mameloucks, fondant comme une trombe sur la région où il était le moins attendu, et qu'il ne quittait que vaincue et soumise.

M. Bonnal, dans son *Histoire de Desaix*, page 206, après avoir raconté comment les Moghrebins étaient venus renforcer Mourad, continue ainsi :

« Mais le général Davout accourant avec 2,000

hommes de cavalerie, artillerie et infanterie, vint présenter le combat le 18 avril!. Il fut accepté avec joie; mais ces bandes eurent beau créneler le village, tout fut emporté d'assaut et traité avec la dernière rigueur. Mourad put s'enfuir avec 200 des siens au fond du désert. Ce combat devait être le plus glorieux de l'expédition d'Égypte. »

Plusieurs fois encore l'auteur nomme Davout et dit :

« La convention d'El-Arych ne fut pas signée par Davout; comme Desaix, il regardait l'abandon de l'Égypte comme une faute capitale. »

Si l'Égypte n'eut point été abandonnée alors, l'histoire de l'Europe se serait montrée bien différente et une seconde France aurait fait la vieille France plus riche et plus forte. L'occasion perdue se retrouve rarement, et nous n'avons à nous occuper que des faits accomplis.

Visiblement M. Bonnal n'a point exploré les curieux cahiers laissés par le général Desaix, et dont je dois la gracieuse communication à son neveu M. Richard Desaix. Je ne saurais assez le remercier de la joie profonde que je lui dois ; il m'a été permis, dans les deux ou trois cahiers qu'il a bien voulu me confier, de suivre les progrès de l'amitié que ces deux vaillants chefs conçurent l'un pour l'autre. Cette amitié fait grand honneur au général Desaix, car elle témoigne d'un rare esprit de justice : c'est après une désobéissance, le mot est impropre, après une initiative héroïque du général Davout, que Desaix, reconnaissant que son lieutenant avait eu raison d'obéir aux événements plus qu'à ses ordres, se prit pour lui d'une vive affection.

Fidèle à notre principe de laisser parler les documents chaque fois que cela est chose possible, nous allons donner l'analyse des cahiers du général Desaix et la copie des plus intéressantes lettres se rapportant à mon père.

Je commencerai par un rapport de Desaix au général en chef, constatant l'abandon où il se trouvait. Ses troupes étant dispersées, il n'avait à opposer aux ennemis qui se réunissaient qu'une partie de ses forces :

« Mais le général Davout ne donna pas le temps à tous ces projets de se réaliser; il marchait à la poursuite de l'ennemi à deux jours d'eux, et moi je le suivais de plus loin, afin, s'il leur prenait envie de faire leur crochet habituel, qu'ils ne pussent pas nous échapper, et que, soit qu'ils montent ou qu'ils descendent, ils fussent vivement poursuivis.

Le général Davout arrivé à Siout se réunit à la garnison de cette ville et, laissant ce qu'il fallait pour garder nos établissements, il a marché contre Bénéahdi. Ce village, assez bien retranché, a fait une vigoureuse résistance; à la fin il a été forcé. Les habitants, au nombre de 3,000, ont presque tous péri.

Nous avons perdu à cette affaire le chef... (six mots illisibles), 7 soldats et 46 blessés. Cet événement a fait une grande impression sur les gens du pays.

Le général Davout a marché avec sa troupe sur (nom illisible), à la poursuite des Mameloucks et des Méquins.

Dans une lettre adressée au général Davout Desaix dit : « Annoncez l'événement de Benéahdi : *faites-le effroyable.* »

Desaix est bien vraiment le maître de celui qui disait : « Répandez le bruit que je pends tout le monde, et je ne serai obligé de pendre personne [1]. »

Le général Desaix au chef d'Estrée.

Mandez que l'on a reçu le détail des trois combats dont on est satisfait.

Agir avec sévérité envers les rebelles : tâcher d'avoir quelques-uns des cheiks, les punir de mort et pendre les cadavres aux arbres avec défense d'y toucher sous peine de mort.

A coup sûr cet ordre que d'Estrée devait faire parvenir au général Davout était terrible. Pourquoi Desaix, loin d'être accusé de cruauté, a-t-il été

---

1. Se montrer terrible, afin d'intimider et de n'avoir point à user de violence, était tellement dans les coutumes du maréchal, que nous trouvons, à propos des troubles de Marseille, cet ordre, daté de 1815 et adressé au maréchal Brune : « Il faut étourdir toutes les têtes du même coup, c'est le seul moyen de les rappeler à la raison et au bon ordre. Pour atteindre le but désiré, *il faut leur faire plus de peur que de mal*, et en suivant cette maxime on peut être sûr d'avance de la réussite.

appelé le *Sultan juste*, et pourquoi a-t-on reproché à Davout d'avoir parfois imité son maitre, alors que les dures lois de la guerre le lui commandaient?... L'histoire, étant écrite par des hommes, est inconséquente comme les hommes... Un philosophe ajouterait que Desaix n'a pas vécu assez longtemps pour lasser la patience de ceux que la louange d'un rival fatigue.

Louis Davout, qui avait beaucoup lu et beaucoup pensé, savait que « si tous les hommes sont bons, à leur intérêt près », ainsi que l'a dit un philosophe à esprit noir, l'intérêt stimule fortement la bonne volonté des meilleurs ; il écrivait donc au général Desaix, le **20** germinal, à six heures du soir :

Je viens de prendre connaissance de la lettre de Morand. Le cheick de Gosseir (nom quasi illisible), qui est ici, en sera le porteur. Je préfère cette voie, craignant que le commissionnaire ne soit arrêté en route. Comme ce cheick s'est très bien comporté, je lui ai promis que vous lui feriez donner un reçu d'un cheval comme si son village l'avait donné; mais j'ai mis dans ma condition qu'il fallait que cette lettre vous parvint demain au lever du soleil. Je vais partir dans une demi-heure. Je marcherai une partie de la nuit; demain je serai de bonne heure à Girgeh. Je vous ai parlé, dans une lettre que je vous ai écrite à mon arrivée ici, de Hassan-Bey, qui descendait ; la nouvelle parait être vraie. Il doit être à cinq lieues d'ici dans la montagne. J'ai quelque raison de croire que les Mameloucks se sont donné un point de réunion du côté de Tatha, mais l'affaire de Aassan-Bey a tout dérangé.

Salut et respect,
L. Davout.

Nous donnons la lettre du général Desaix au général Morand, tant elle semble témoigner de la façon dont Louis Davout avait su profiter des leçons de l'ami qu'il appelait volontiers : « *son maître en l'art de la guerre.* »

Siout, le 4 Prairial an VII.

LE GÉNÉRAL DESAIX AU CITOYEN MORAND

Je vois avec bien du plaisir, mon cher Morand, que tout va bien et très bien dans votre province et que la tranquillité y est parfaite, continuez de même. Pas de grâce à tous les hommes qui ont assassiné, de quelque tribu, de quelque religion, de quelque caste qu'ils soient.

Pas de grâce aux voleurs, justice sévère, alors tout ira tout seul et nous voyagerons comme en Europe, seuls et sans danger. Ici, cela va toujours bien. On a arrêté encore deux assassins ; on pend vivement les voleurs, on n'en laissera pas subsister un seul.

Gilly est sur la rive droite à Chaïk-Selim, Lasalle à Calla, vous à Achanin, Ayout-Cachf doit être pris au milieu de tout cela ; il ne peut être loin dans le désert. Qui aura la gloire de le prendre ? Avec quelques chameaux, quelques Arabes, on ira bien aisément les déterrer dans l'intérieur du désert.

Je vous recommande bien la police, elle mérite toute votre attention. Je viens de faire un règlement que je veux qui soit suivi et connu partout; vous le ferez écrire en arabe et l'enverrez dans tous les villages.

Tout cheik, dans l'arrondissement duquel il se trouvera un assassin ou un voleur qui ne sera pas arrêté par sa négligence, sera tenu de payer comme amende 6,000 fr. Cette somme sera employée, un quart au remboursement des effets volés ou à dédommager la famille du mort; un autre quart sera donné en gratification au cheick qui portera le coupable arrêté par lui; le reste sera le fond de la caisse particulière de police qui sera employée à récompenser les cheicks qui prendront les coupables aussitôt qu'ils les connaîtront et à payer les dépenses d'espions pour suivre les voleurs, et cette caisse sera à part et ne pourra avoir d'autres destinations.

Je ne pense dans ce moment qu'à la police ; c'est la partie la plus souffrante dans le gouvernement d'Égypte, il faut lui donner le plus de soin. Il n'y a pas de sacrifice que je ne fisse pour retrouver l'assassin du français qu'on a tué vers Boidy (?). Si vous réussissez à connaître l'auteur, vous me ferez le plus grand plaisir. Je suis content d'Aly de Fachous, il a arrêté des Mamelouks. C'est bien, mais il ne vous a pas livré de voleurs. Vos Kaïmacans sont négligents sur cet article ; je vous l'ai déjà dit il y a trois jours, je vous le répète. Je veux que vous les pressiez fort ; ceux que vous trouverez négligents, punissez-les. Je veux qu'on retrouve nos armes et chevaux volés. Tout homme qui en aura, en ne les restituant pas, sera traité de voleur; faites punir un ou deux hommes dans ce cas : exemple de mort, mais avec ostentation et connu de tout le monde.

Votre lettre du 3 prairial m'a fait plaisir. Je lirai vos renseignements avec intérêt. Vous savez combien je les regarde comme utiles. Je suis content de vous, seulement vous n'êtes pas assez sévère, vous avez l'humanité de l'Europe. Elle ne vaut rien en Afrique pour les premiers jours.

Je vous autorise à prendre les canons de la Thébaïde. J'envoie un ordre à Guichard pour vous les livrer.

Faites faire des boulets de marbre. Silly en a fait faire 60 et 400 coups de mitraille des petits morceaux, cela va très bien.

Salut et amitié,

Desaix.

Desaix, arrêté à Girgeh par le manque de vivres, envoie Davout à Soiag : ce général part avec sa cavalerie, et, déterminé à ne plus souffrir d'être pressé par les Arabes, en vient aux mains le 21. Voici le rapport de Davout à Desaix :

« Notre arrière-garde, où j'étais, a été attaquée vivement ; sur le champ, la colonne a fait demi-tour ; les chefs de corps ont mené à l'ennemi leurs troupes dans les différentes directions indiquées. Les dragons, se trouvant les premiers par un mouvement rétrograde, ont montré les grands avantages qu'on peut retirer de leur arme. Cette nombreuse cavalerie [1] ayant voulu tenir ferme plusieurs fois, deux feux de peloton les ont toujours mis en fuite. Toute la cavalerie a admiré ceux du 15ᵉ qui ont été commandés et exécutés comme à

1. Les Mameluks.

l'exercice. Ces hommes à cheval, ayant perdu par les feux près de 150 hommes, se sont sauvés dans toutes les directions à toute bride. Comme il faisait encore un peu jour, on en a profité pour tomber sur le rassemblement à pied ; 1,500 ont été hachés. Un village où nous avons passé ayant fait feu sur nous, tout ce qu'on y a trouvé a été passé au fil de l'épée ; là, près de 500 malheureux ont été les victimes des mauvais conseils de leurs chefs. On avait persuadé à ces misérables que Mourad allait nous prendre de front, qu'il fallait qu'ils nous attaquassent par derrière, que personne de nous n'échapperait, qu'il n'y avait plus que nous en Égypte, vous, Général, ayant été pris au Caire par les Turcs. »

On ne saurait le répéter assez ; la guerre est horrible. Desaix, exalté par tous, et à bon droit, n'écrivait-il pas, le 22 décembre 1793, à la Convention nationale en rendant compte, de Niederbronn, d'une bataille qui venait d'être livrée : « *On ne s'est déterminé à faire des prisonniers que lorsqu'on a été fatigué de tuer!* »

En revenant à l'Égypte, nous trouverons Desaix disant au général Zayonscheck et au chef d'Estrée : « Le général Davout dissipera facilement les ennemis qui sont rassemblés dans sa province. »

Au second il écrit : « Je regrette beaucoup que le général Davout ne soit pas arrivé plus tôt à Minieh pour vous secourir... mais les commissionnaires craignent d'être surpris par l'ennemi et n'osent se mettre en route... Mahmoud, chassé et terrassé par le général Davout, a été contraint à descendre. »

Au général Davout, le 14 floréal an VII, Desaix écrit :

Si le général Zayonscheck a reçu le renfort dont vous me parlez, il pourrait sans autre secours battre tout (mots illisibles), mais, quoi qu'il en soit, je préfère que vous soyez là-bas et je me persuade que vous y êtes arrivé. Ne négligez rien pour expédier complètement tous nos ennemis et revenir de nos côtés. Je ne vous donne à ce sujet aucune instruction ne connaissant pas les circonstances qui doivent déterminer ce que vous aurez à faire.

Vous avez bien fait de brûler les villages de Thalé, mais à l'avenir il faudra, autant que possible, s'assurer des chefs de la révolte et leur couper la tête. Une fois les grosses têtes abattues, les petites ne bougent plus; quand un village se soulèvera, il faudra punir le cheick plutôt que le reste des habitants.

De Thata, le 15 floréal, Desaix répète à l'adjudant Rabasse :

« J'espère que le général Davout, que je vous prie de féliciter de ma part sur ses succès, punira sévèrement les rebelles dans les personnes de leurs chefs, qu'il ne faut négliger de faire arrêter et de leur faire tomber la tête. Le reste des paysans ne sont que des machines sans intelligence qu'on fait agir à volonté; ils ne peuvent rien faire d'eux-mêmes. Les habitants sont dans la plus grande tranquillité, ils se souviennent des leçons que leur a données le général Davout. »

Aux chefs d'Estrée, Silly, au général Morand, il redit la prise du village d'Abou-Girgeh, l'écrasement des habitants qui s'étaient soulevés.

De Tatah, le 17 floréal, Desaix écrit au chef d'Estrée qu'il doit continuer d'écrire au général Davout, qui, lui, sans cesse en mouvement, doit être moins disposé à écrire.

Desaix enjoint à d'Estrée de prendre comme otage un enfant ou un proche parent des rebelles et de les menacer de leur envoyer la tête de cet otage s'ils n'obéissent pas. « Ce moyen est le plus efficace », dit « le Sultan juste ». La guerre est une horrible chose et le devoir impérieux du chef est de préserver ses soldats. Redisons en soupirant avec le grand Shakespeare : « Celui qui ménage les assassins devient lui-même assassin ! »

Au commandant Poussielgue, le 18 floréal, de Tatah, Desaix écrit encore :

Le général Davout a détruit le village de Bénéahdi, le plus riche et le plus dangereux de l'Egypte par ses ressources et sa population ; il s'était soulevé et devait être le point de ralliement des Mameloucks et des Arabes. Il y a près de 3,000 habitants de tués, parmi lesquels quelques Mameloucks.

« D'Estrée a été attaqué à minuit par des Mamelouks, Méquins et paysans réunis ; il a soutenu pendant trois jours, avec une poignée de monde, les attaques de cette foule d'ennemis. Le général Davout est arrivé la troisième journée et leur a fait prendre la fuite.

Le général Davout est descendu à Bénésouef pour donner la chasse au reste des Méquins et autres ennemis. En descendant il a écrasé le village d'Abou-Girgeh, qui avait pris les armes et refusé des vivres. Cet exemple de sévérité en imposera enfin à ces imbéciles d'habitants que les bons traitements n'ont pu corriger.

Mais voici que le général Dugua, inquiet pour la Basse-Égypte, appelle Davout. Desaix, mécontent de cet éloignement, écrit au général Dugua « son regret que le général Davout ait été si prompt à se rendre à son appel. Si les Arabes remontaient, comment les repousser sans grands moyens? » L'encre de ces cahiers, hélas! pâlie, m'a seulement laissé lire le nom de Davout et deviner un grand mécontentement. Au général Zayonscheck, il exprime son déplaisir que le général Davout se soit éloigné si promptement de lui. Il espère que, les ennemis refoulés et après son arrivée au Caire, il songera à rejoindre. J'ai pu démêler en ces pages effacées que trois colonnes devaient harceler les Mamelouks et les rejeter dans le désert; mais le général Davout, qui commande une colonne mobile, a suivi son idée à lui, et non pas le plan de Desaix, lequel envoie au général en chef un rapport témoignant d'une réelle aigreur, autant qu'il m'a été possible de déchiffrer ces caractères effacés par le temps, et une lettre assez violente adressée au général Davout et terminée par ces mots : « *Revenez vite nous joindre, et souvenez-vous que vous m'appartenez.* »

Plus loin il prie d'Estrée de lui procurer des nouvelles de Davout : « Vous ne doutez pas que je serai bien aise d'en avoir et qu'elles me sont même nécessaires. N'épargnez rien pour en obtenir. » A d'autres encore, Desaix parle de Davout, le réclame; s'il revenait, il chasserait le reste des ennemis. Que se passa-t-il entre ces deux généraux? les cahiers n'en disent rien, mais le malentendu qui divisait deux hommes de cette trempe ne pouvait durer. De Siout, le 26 floréal, Desaix dit à d'Estrée : « Je reçois avec plaisir de vos nouvelles et j'en attendais avec grande impatience. D'après ce que Davout m'annonce, il paraît que tout va bien de ce côté-là et que le pays est en paix. Quand il vous a conseillé de faire un fort, il avait la plus grande raison, mais il s'est mal expliqué. » Ici, le général entre dans des détails : « Une forteresse demanderait trop de temps et d'argent, mais il est indispensable de mettre la caserne à l'abri d'un coup de main ». Desaix songe à tout, s'occupe des finances, de l'administration, même du zodiaque de Denderah, comme le maréchal Davout, commandant en chef, le fera un jour.

A Zayonschek il écrit, le 26 floréal : « Je suis très inquiet depuis que je sais que le général Davout vous a si promptement abandonné. J'aurais bien voulu qu'il pût nous purger de tout ce qu'il y a de mauvais dans vos cantons, soit arabes, soit Mameloucks, soit Méquins, mais j'espère qu'il reviendra de vos côtés et vous donnera secours en cas de besoin. »

Le 29 floréal, le général Desaix félicite le général Zayonscheck de ses succès, lui développe ses plans : « Quand le général Davout remontera, alors nous nous concerterons ensemble pour employer nos forces chacun de nos côtés, pour battre et détruire ce ramas de voleurs. »

La veille, le 28 floréal, Desaix écrivait de Siout à Davout :

Nous avons reçu de vos nouvelles avec bien du plaisir, mon général. Nous en attendions avec impatience. Nous espérons que vous nous donnerez des détails sur la situation du Caire et de la Basse-Égypte et que vous nous apprendrez que l'on peut respirer un moment.

Je commence à n'être plus en si grande colère contre vous, puisque vous promettez de revenir. A votre retour apportez-nous (mot illisible) et des rechanges d'artillerie.

Il paraît que toutes les tribus d'Arabes de ce pays sont pleines de Mameloucks. J'attends des rapports pour leur donner la chasse.

On sent sous chaque parole la joie de Desaix :

Davout revient, tout marchera! Le 26 germinal an VII, nous trouvons cette lettre à l'adresse de Davout : « J'ai reçu votre lettre, mon cher général, je sais que vous étiez le 27 à Soulagni... Vous commandez la province de Siout ». A dater de ce jour toutes les lettres commencent par : mon cher général. Sans doute Desaix avait reconnu que son lieutenant avait sagement agi en suivant ses succès, non par esprit de désobéissance, mais pour le plus grand bien de tous.

Desaix ne croit plus aux Mameloucks, mais engage Davout à ne poursuivre qu'un ennemi à la fois et voudrait lui voir détruire les derniers Méquins. Cependant désormais il ne commande plus à son lieutenant, il le conseille et le consulte. En cette même lettre nous lisons : « Si ce que je vous annonce sur le peu de Mameloucks est vrai, il est inutile de leur donner une chasse, il vaut mieux s'attacher aux masses. »

En dépit de sa première opinion, Desaix, qui reprochait à son lieutenant de tant s'occuper des Mameloucks, avait fini par y croire, puisque, le 7 mars 1799, il écrivait au général Bonaparte :

Ils sont comme l'hydre de Lerne, à mesure qu'on leur coupe une tête il en renaît une autre. »
Il dit enfin à Davout :

« Employez tous les moyens possibles pour avoir de vrais renseignements sur les manœuvres des Mameloucks, savoir d'où ils tirent leurs ressources et leur nombre.

Je ne vous dirai pas ce que vous avez à faire, puisque vous devez agir selon les circonstances et de la manière que vous jugerez la plus avantageuse; mais je vous recommande de vous informer auprès des cheicks, qui, dans le pays où vous êtes, sont les plus attachés aux Mameloucks, qui les reçoivent et les servent en leur fournissant ce qui leur est nécessaire. Vous les traiterez avec rigueur en les menaçant des plus sévères châtiments s'ils continuent leurs liaisons avec nos ennemis...

On ne pense pas ici que Mourad-Bey descende de l'oasis. Je ne le crois pas non plus, mais, quoi qu'il en soit, faites vos dispositions en conséquence. S'il vient, tâchez de le joindre et de le battre; vous vous attacherez particulièrement à lui.

Desaix recommande à Davout de se tenir en garde contre les faux rapports qui sont venus troubler ses propres résolutions.

En vérité cette longue lettre, dont nous avons transcrit les passages intéressants, nous semble la lettre d'un ami à un ami auquel il parle des événements qui le préoccupent, plus que la lettre d'un chef à un subordonné.

Davout est bien l'élève de Desaix, même besoin de se renseigner, même crainte de se montrer injuste, même sévérité dans le service.

Desaix écrit au chef Silly: « Le général Davout, qui se dispose à faire quelques mouvements, me mande, mon cher Silly, qu'en son absence il vous a remis le commandement de la province ; il ne pouvait faire un meilleur choix, je vous en félicite. »

Le 1er floréal, nous trouvons une lettre adressée au général Davout.

Je vous le répète, mon cher général, n'écoutez point les contes que l'on vous fait sur les Méquins et les Mamelouks dans le pays où vous êtes. Je vous en conjure à mains jointes.

Je vous le répète et vous le répéterai mille fois, attachez-vous aux Méquins et ne les quittez pas qu'ils ne soient tous détruits. J'aime mieux que l'on tue un Méquin que 50 Mamelouks. Souvenez-vous que les trophées de cette campagne sont la mort du dernier des fanatiques. Laissez-là tous les Mamelouks du monde et tous les rassemblements imaginables et courez sur les Méquins dans tel point qu'ils se trouvent. Je ne crois pas, en un mot, les rapports que l'on vous a faits ; j'en ai reçu d'Ellouak ce matin et l'on assure que Mourad-Bey y est toujours.

Les rapports du général Davout étaient cependant exacts et bientôt il devait se battre corps à corps avec Mourad, écraser tous ceux qui se mesuraient à lui, et on voit Desaix, l'oreille tendue vers son lieutenant, parler de lui, réclamer de ses nouvelles à tous, recommander de l'aider. Desaix savait qu'il faut préparer le succès si on veut l'obtenir.

Avant de nous séparer de ces cahiers, qui se terminent au 8 floréal de l'an VII, nous copierons d'abord cette phrase adressée à Davout : « Je vous félicite bien sincèrement sur cet avantage, on ne peut plus essentiel dans ce pays. Il y a longtemps que les environs de Siout avaient besoin d'une punition exemplaire. C'est vous qui la leur avez donnée, j'en suis enchanté. »

Avec une joie toute militaire, Desaix écrit au général Belliard :

Le 29 du mois dernier, le général Davout, qui s'était porté à la hauteur de Bénéahdi pour s'opposer au passage de Mourad, que l'on disait devoir descendre de l'oasis, a trouvé les habitants de ce village en révolte. L'affaire a commencé à 7 heures du matin et a fini à 9 heures du soir. Il a fallu prendre maison par maison qui étaient défendues, et ensuite abandonnées par nos troupes qui y mettaient le feu.

Au capitaine Gressin encore, le général Desaix répète : « Nous n'avons rien de nouveau ici depuis l'affaire glorieuse du général Davout à Bénéahdi. » Desaix était un trop grand soldat pour jalouser la gloire de personne, en ceci encore Davout, son élève, lui ressemblait. Après avoir de nouveau remercié M. Richard Desaix d'une si précieuse communication, nous donnerons une lettre du général Davout revenu d'Égypte avec Desaix, qu'il refusa de quitter jusqu'à la glorieuse mort de ce dernier. Cette lettre termine dignement cette rapide esquisse du séjour en Égypte des deux illustres soldats.

Au Lazaret de Toulon, le 16 Floréal.
an VIII de la République.

LE GÉNÉRAL DE BRIGADE DAVOUT AU MINISTRE DE LA GUERRE.

Citoyen ministre,

J'ai l'honneur de vous annoncer mon arrivée : ma santé étant très dérangée, j'ai, avec le consentement du général Kléber, profité du départ d'Égypte du général Desaix pour me rendre en France, où nous sommes arrivés après quelques événements dont le général Desaix a dû vous donner connaissance.

J'espère que cette seconde quarantaine que l'on nous fait faire achevera de me rétablir, mais, dans tous les cas, si le gouvernement m'emploie, je ne consulterai pas mes forces, mais mon zèle et mon Devoir[1] ; et je m'empresserai de me rendre à la destination que vous me donnerez.

Salut et respect,

L. DAVOUT.

---

1. Encore une fois constatons en ce nouveau volume que L. Davout écrit toujours Devoir avec un grand D.

De 1806 à 1811

ALLEMAGNE ET POLOGNE

Au moment de publier ici les lettres officielles et les rapports si nets, si clairs, adressés au Ministre de la guerre par le prince d'Eckmühl, qui n'oublie rien ni personne, nous aimons à transcrire une phrase que nous écrivait il y a un an M. Émile Montégut : « On n'a jamais, mieux que le Maréchal Davout, accompli les devoirs d'écrivain militaire qui sont si difficiles par la clarté et la fermeté qu'ils exigent. Ce qui me surprend le plus c'est la conscience : il y a tel jour où il a écrit vingt ou trente pièces à l'Empereur, à Berthier, à Duroc, etc., etc., disant à chacun d'eux ce qu'il doit lui dire *hiérarchiquement*. C'est un travail d'Hercule ! »

Au quartier général à Lilienfeld,
le 20 Brumaire, an XIV (1805).

A SON EXCELLENCE MONSIEUR LE MARÉCHAL BERTHIER, MINISTRE DE LA GUERRE.

Monsieur le Maréchal,

Les détails sur la brillante affaire de l'avant-garde m'étant parvenus, je me fais un devoir de les communiquer à Votre Excellence afin qu'elle puisse les mettre sous les yeux de notre Souverain.

Je vous ai envoyé trois drapeaux, je vous en adresse un quatrième; deux autres ont été déchirés, brisés de rage par ceux qui les portaient et jetés dans la rivière. Les deux porte-drapeaux sont du nombre des prisonniers.

Je vous fais connaître ci-joint, monsieur le Maréchal, le nom de ceux qui ont contribué à cette affaire dont le résultat est la prise de seize pièces de canon avec leurs caissons, six drapeaux, deux colonels, cinq majors, plus de soixante officiers et quatre mille prisonniers, et la dispersion totale du corps du général Merfeld. Cet important succès nous a coûté environ cent cinquante blessés et quarante tués. Parmi les derniers, le capitaine Duparc, du 13ᵉ d'infanterie légère, n'a trouvé la mort qu'après avoir fait succomber un très grand nombre d'ennemis. Cet officier est vivement regretté.

Le nommé Hennin, grenadier du 108ᵉ, de la dernière conscription, en se portant au milieu d'une colonne autrichienne pour enlever un drapeau, ayant eu son fusil enlevé par la mitraille, a mis le sabre à la main, s'est précipité au milieu des rangs et étendit à ses pieds sept Autrichiens, et, son sabre ayant été cassé, il a reçu la mort au milieu de ses sept victimes. Tout le 3ᵉ corps a vu ce tableau, cette mort est digne d'un grenadier français. Le genre de mort des Autrichiens étendus à ses côtés ne laissait aucun doute sur cette action.

Monsieur Comminet, capitaine du 13ᵉ d'infanterie légère, a chargé et enlevé, sous le feu de la mitraille, trois pièces d'artillerie; il a beaucoup contribué au succès de cette journée. C'est un officier très distingué sous tous les rapports, très ancien de grade et pour lequel il a été fait différentes demandes d'avancement à Votre Excellence; je réitère cette demande en cette circonstance.

Le sous-lieutenant de carabiniers Dumont, du 2ᵉ bataillon, a chargé avec intrépidité sur les grenadiers Autrichiens, s'est pris aux cheveux dans la mêlée avec l'ennemi et a particulièrement contribué à la prise d'un drapeau.

Le capitaine de carabiniers Béroud s'est montré digne émule du capitaine Comminet, et a aussi contribué à la prise de plusieurs pièces.

Le capitaine Duvivier, aide-de-camp du général Heudelet, qui avait été chargé par son général de diriger la charge pour enlever la dernière pièce de l'ennemi qui incommodait le plus et qui par sa position mettait tout obstacle à nos succès, a parfaitement rempli ses intentions, s'est mis à la tête de cette charge et a réussi.

Le capitaine Varelet, du 13ᵉ, a chargé avec 30 hommes 150 hulans et les a forcés de fuir à Maria-Zelt.

Le lieutenant Geaufroy, du 13ᵉ, a pris un officier supérieur et a dirigé les tirailleurs avec intelligence.

Le sergent de carabiniers Concieur, Dupuis et Baland, carabiniers, ont enlevé un drapeau au milieu d'un bataillon ennemi.

Pulot et Bouzon, chasseurs, ont aussi enlevé un drapeau; Bebet et Fillot, sergents, et Mairon, caporal, ont enlevé dans une charge trois officiers et soixante grenadiers.

Proteau, carabinier, a pris un officier d'artillerie sur sa pièce et s'est emparé de la pièce qu'il a défendue jusqu'à ce que des renforts l'aient mise en notre pouvoir.

Bourgeois, carabinier, a pris un officier supérieur.

Vieux, sergent-major, et Dizieu, caporal, ont contribué par leur bravoure et leur sang-froid à la prise d'un drapeau.

Le tambour des carabiniers, Diomet, a constamment battu la charge à la tête de sa colonne qui a enlevé les pièces et contribué à la déroute de l'ennemi.

Le chef de bataillon du 13°, Teinier, a été dangereusement blessé.

On doit aussi citer avec éloge les lieutenants Crincourt, de la 3° compagnie du 2° bataillon, et Frugère, des voltigeurs. Les nommés Arbant, sergent, Bon, Ménard, Favrier et Rapin, caporaux; Rose, Colenand et Holot, voltigeurs.

Dans le 108° régiment:

Le brave capitaine Leroy, de la 5° compagnie du 1er bataillon, à la tête de cette compagnie et de la sixième, s'est avancé avec audace, l'arme au bras et rapidement, entre deux bataillons ennemis, a fait face à droite et à gauche et a fait mettre bas les armes à trois cents hommes. Il a été très bien secondé par le capitaine Grassoreille, de la sixième. Ce mouvement a été des plus beaux et des plus décisifs.

Le chef de bataillon Chevallier a gravi un escarpement à la tête d'un détachement pour marcher sur des tirailleurs embusqués en grand nombre, et dont le feu dirigé sur la route ne permettait pas une charge préparée pour enfoncer l'ennemi qui s'était rallié; il a enlevé tous ces tirailleurs.

Le lieutenant Meslin s'est mêlé plusieurs fois avec l'ennemi et, son arme ayant été brisée entre ses mains, il a saisi un fusil et a repoussé à coups de crosse ceux qui s'opposaient à la marche de son peloton.

Le capitaine Gorin avec ses lieutenants Frayé et Billi, à la tête des voltigeurs, sont descendus derrière un peloton autrichien, l'ont isolé et en ont fait un grand carnage, et ont pris tous ceux qui n'ont pas voulu être tués.

L'adjudant-major Higonnet, jeune homme d'une grande espérance, a traversé à cheval les rangs de l'ennemi et fait rendre l'épée au colonel et au major de Colloredo.

Le sergent Chevalier a pris un drapeau que l'ennemi a cherché de lui reprendre, mais qu'il a défendu vigoureusement et qu'il a rapporté.

Le caporal Doisy, les fusiliers Dappe et Deuré ont aussi enlevé un drapeau après avoir enfoncé le groupe qui le défendait.

Monsieur le capitaine de grenadiers Bienvenu, les lieutenants Giraudel et Lesler, les capitaines Coutopé et Mouret, les lieutenants Bonne et Goustenoir, le sous-lieutenant Ganéchon, les sergents-majors Marietz, Marchand et Guérard, les sergents Umbert, Aubry, Laporte, Chenillot, les caporaux Roussel, Ladouce, Bouquillon, et les nommés Henrion, Boiteux, Gascard, Ney et Perrin, grenadiers et fusiliers, sont cités avec éloge.

Le général Heudelet cite avec éloge les commandants

des 13ᵉ d'infanterie légère et 108ᵉ de ligne, et particulièrement celui du 108ᵉ, le colonel Higonnet qui a déterminé la déroute de l'ennemi par une charge à la tête de quatre compagnies de son régiment.

Le lieutenant Gradira, officier d'État-Major, plein de zèle, de talent et de courage, s'est aussi distingué dans cette journée, ainsi que le capitaine Liégeard, aide-de-camp du général Heudelet.

Le général Eblée, l'adjudant-commandant Marès, méritent aussi beaucoup d'éloges.

En général, tous les militaires de l'avant-garde méritent des éloges et ceux qui sont cités particulièrement sont un choix au milieu de deux mille braves. Je prie, Votre Excellence de mettre leurs noms sous les yeux de Sa Majesté, c'est la récompense qu'ils ambitionnent.

Le général Heudelet a mis dans cette circonstance vigueur, talent et courage, comme dans toutes les autres, et a soutenu la bonne opinion que les militaires ont de lui.

Le combat a été des plus opiniâtres, surtout au commencement, où l'avant-garde a eu affaire à six bataillons de grenadiers; on a croisé la bayonnette avec le plus grand acharnement et on en est venu au point de se prendre aux cheveux. Les jeunes soldats se sont montrés aussi braves que les anciens, et les nouveaux Français du Piémont ont prouvé qu'ils étaient dignes d'être les sujets de notre illustre souverain.

Salut et respect,

Le Maréchal,
L. DAVOUT.

P. S. J'ai envoyé un parti de cent chevaux du 7ᵉ régiment de hussards, sous le commandement du chef d'escadron Méda, à la poursuite des débris du corps du général Merfeld ; ce détachement a déjà eu quelques engagements avec les hulans et a pris une centaine de fantassins. Suivant les derniers rapports qui me sont parvenus, il était à plus de dix lieues au-delà de Mariazell, sur la route de Léoben.

Monseigneur,

J'ai l'honneur d'adresser à Votre Altesse Sérénissime une réclamation pour que Monsieur L'Aigle, inspecteur aux revues, soit autorisé à faire payer à Monsieur Bonneville, commissaire des guerres, ses appointements pendant tout le temps qu'a duré sa maladie.

Ce commissaire a pris la fièvre dans les hôpitaux de Zeneim, à la même époque où le général Caffarelly a eu sa maladie.

Il a suivi ce général en France, étant encore extrêmement malade.

Cette autorisation lui a été donnée sur la demande de ce général, sur les attestations des officiers de santé et mieux, que cela, sur son état qui donnait alors peu d'espérance.

Le zèle, l'intelligence et la probité que ce commissaire a apportés dans ses fonctions lui ont valu l'estime et la bienveillance du général Caffarelly et de tous ceux qui le connaissent.

Comme il a rejoint son poste aussitôt que sa santé le lui a permis, j'ai l'honneur de prier Votre Altesse de donner des ordres pour que ses appointements lui soient rappelés.

Je joins à ma lettre la demande qu'en fait le commissaire ordonnateur et les pièces qui sont à l'appui.

J'ai l'honneur d'être, Monseigneur, de Votre Altesse Sérénissime avec le plus respectueux attachement,

Le très humble et très obéissant serviteur.

Le Maréchal,
L. DAVOUT.

Le 19 août 1806.

A MONSIEUR WILLEMANSY, INTENDANT GÉNÉRAL
DE LA GRANDE ARMÉE.

En vous accusant réception de votre lettre du 19 août, Monsieur l'intendant général, j'ai l'honneur de vous faire connaître que tous les comptes qui m'ont été rendus par les généraux de divisions montrent l'impossibilité où ils sont d'ôter encore des troupes des cantonnements qui se trouvent rapprochés des lignes de communication, attendu que tous les autres pays sont extrêmement surchargés.

Vous devez cependant croire, Monsieur l'intendant général, que l'on fera l'impossible et que Messieurs les généraux de divisions vont être invités à alléger ces pays autant qu'il dépendra d'eux.

J'ai l'honneur de vous saluer avec une parfaite considération.

Le Maréchal,
L. DAVOUT.

Le 28 août 1806.

Kropstadt, 22 octobre 1806.

A SON ALTESSE IMPÉRIALE LE GRAND DUC DE BERG [1].

L'Empereur vous ordonne, mon Prince, de porter

---

[1]. Nous n'avons nul besoin de dire pourquoi nous donnons cette lettre.

demain 24 votre quartier général à Postdam. Vous dirigerez le général Lasalle sur Charlottenburg, qu'il pourra occuper sans s'approcher de Berlin.

Le 13⁰ régiment de chasseurs à cheval sera dirigé sur la route de Berlin, avec défense suprême d'en approcher à plus d'une lieue.

Les dragons du général Beaumont seront cantonnés à une lieue en avant de Postdam, sur la route de Berlin.

Les deux divisions de cuirassiers seront placées entre Berlin et Postdam.

L'Empereur, voulant donner une preuve de sa satisfaction au 3ᵉ corps d'armée commandé par le maréchal Davout, entend et veut que ce corps entre le premier à Berlin.

Vous trouverez ci-joints, mon Prince, les ordres donnés aux maréchaux Davout, Bernadotte, Lannes et Augereau.

Le quartier général de l'Empereur sera demain à Postdam.

Signé : Le major général,

Mᵃˡ ALEX. BERTHIER.

*Armée
du Rhin.*

ORDRE DU JOUR

Berlin, le 30 octobre 1808.

S. E. monsieur le Maréchal duc d'Auerstaëdt saisit les premiers moments de son arrivée à Berlin pour faire connaître aux troupes sous ses ordres que, par décret impérial du 12 octobre courant, l'Empereur et Roy a dissous la Grande Armée à compter du 15 dudit mois et en a formé une nouvelle sous la dénomination d'armée du Rhin, dont elle a daigné lui confier le commandement en chef.

Et que, par même décret, elle a nommé chef de l'état-major général de cette armée M. le général de division Compans ;

Commandant l'artillerie, M. le général de division Haenicque ;

Commandant le génie, M. le général de brigade Touzard ;

Inspecteur en chef aux revues et intendant général, M. l'inspecteur en chef Willemansy ;

Ordonnateur en chef, M. le commissaire ordonnateur Chambon ;

Payeur général, M. Roguin.

Lesquels sont en fonctions depuis le 15, jour de la formation de l'armée.

Son Excellence ne peut que recommander aux troupes du 4° corps qui font actuellement partie de l'armée du Rhin de conserver sous ses ordres le bon esprit qu'elles ont toujours montré sous ceux de leur digne chef, Son Excellence le duc de Dalmatie ; de son côté, elle regardera toujours comme un de ses devoirs les plus agréables, celui de s'occuper comme lui de leurs besoins et de leur montrer le même empressement à faire récompenser leurs bons services.

S. E. met au nombre de ses devoirs, qui lui sont le plus particulièrement recommandés par notre bien-aimé souverain, de veiller au bien-être de ses troupes.

Elle recommande à tous les corps le souvenir de leur gloire, l'amour de leurs devoirs et surtout leur grand respect pour les lois de la subordination et de la discipline ; c'est ainsi qu'ils prouveront leur amour et leur fidélité à Napoléon le Grand. Pour être dignes d'être des soldats de notre souverain, il faut allier à la plus rare intrépidité la meilleure discipline.

Monseigneur,

Sa Majesté, par son décret qui dissout la Grande Armée et détermine la composition de celle du Rhin, a ordonné que ses troupes en Allemagne, à l'exception des 12,500 hommes qui composent la garnison de Magdebourg, et qui doivent être nourries par la Westphalie, seraient nourries de ses magasins.

Je dois tirer de cette disposition la conséquence que les habitants ne doivent plus être assujettis à nourrir les officiers ou à leur donner des frais de table, ainsi que cela se pratiquait en Allemagne.

En Pologne, où cet usage n'avait pas lieu, S. M. avait accordé aux officiers de tout grade un traitement extraordinaire, par mois.

J'ai l'honneur de prier Votre Excellence de prendre les ordres de S. M. pour connaître ses intentions à cet égard.

J'observerai qu'il est impossible que les officiers puissent exister en pays étrangers, avec leurs appointements, et qu'un des meilleurs moyens de contenter les bons esprits, et de déjouer toutes les intrigues qui sont en action pour travailler les têtes allemandes, ce serait de donner cette indemnité aux officiers; par là, on prévient mille abus, la présence des troupes n'est plus qu'un bienfait et le service de S. M. ne peut qu'y gagner.

Les résultats avantageux qu'on a obtenus en Pologne, de cette mesure, me font faire ces observations que je prie Votre Excellence de mettre sous les yeux de S. M.

J'ai l'honneur d'être avec respect, Monseigneur, de Votre Excellence, le très humble et très obéissant serviteur,

Le Maréchal,
Duc d'Auerstaëdt.

Berlin, le 29 novembre 1808.

Lintz, le 2 janvier 1810.

Monseigneur,

J'ai demandé par diverses lettres des ordres, tant a Sa Majesté qu'à S. A. le major général pour le payement de la solde de novembre.

Le 29 novembre, j'ai adressé à Son Altesse un rapport de M. l'intendant général, d'après lequel j'ai ordonné le payement de la solde de ce mois.

Elle n'a pu être acquittée qu'en partie, soit parce que les fonds n'ont pas été faits à temps dans les caisses des payeurs particuliers, soit parce que plusieurs corps ont négligé de la prendre. Le 3e corps l'a seul reçue entière et je suppose qu'il est dû à peu près à l'armée d'Allemagne la moitié de la solde de novembre.

Je prie Votre Excellence de demander les ordres de Sa Majesté, tant pour le complément de la solde de novembre, que pour l'acquittement de celle de décembre et pour le mettre toujours au courant. Le papier autrichien n'a pas cours dans aucun des pays occupés par l'armée, puisqu'au 4 janvier il ne sera plus reçu dans les caisses de l'administration, et il est important, pour le maintien de la discipline et pour que les officiers puissent vivre, que la solde et les appointements soient acquittés avec régularité.

Alors notre séjour sera plus supportable aux pays où les troupes vont prendre leurs cantonnements.

Je ne puis trop prier Votre Excellence de prendre cet objet en considération.

J'ai l'honneur d'être, avec respect, de Votre Excellence,
Le très humble et très obéissant serviteur,
Le Maréchal,
Duc d'Auerstaëdt, Prince d'Eckmühl.

Wildersdorf, le 8 juillet à 8 h. 1/2 du soir.

J'ai l'honneur de vous prévenir, mon cher Général, que, d'après les ordres de l'Empereur, je suis arrivé ici où je dois réunir ce soir mon corps d'armée. J'ai reçu en même temps l'ordre de S. M. de me porter à votre appuy, dans le cas où les mouvements de l'ennemi, ou la rencontre de troupes supérieures vous le ferait désirer, et où vous m'en donneriez l'avis. Dans la supposition contraire il est vraisemblable que je me porterai demain sur Nicolsbourg. J'aurai soin de vous donner souvent de mes nouvelles, je vous prie de vouloir bien en faire autant de votre côté.

Je vous renouvelle, mon cher Général, l'assurance de mon estime et de tous mes sentiments.

Le Maréchal d'Empire,
Duc d'Auerstaëdt.

Mon chef d'état-major, qui a été reconnaître une position en avant de Wildersdorf, vient de rencontrer un trompette se sauvant à toute bride et qui lui a dit qu'il venait d'être chargé par quelques cavaliers autrichiens sortis d'un village voisin. Je vous prie de me faire connaître les renseignements que vous avez sur les forces ennemies dans cette direction [1].

Ce 23, à 1 h. du matin, Pultusk.

J'ai reçu, mon cher Général, votre lettre du 22 et les rapports qui y étaient joints. Il me tarde de recevoir le hussard qui a été pris à Lomza; peut-être donnera-t-il quelques renseignements sur les reconnaissances de l'ennemi; on peut supposer qu'elles ont été déterminées par tous les mouvements de nos cantonnements, puisque le 22 il n'a fait aucun mouvement.

L'établissement des différents postes d'infanterie vous donnera, je l'espère, plus de tranquillité.

Recommandez que l'on envoie à l'avenir sans perte de temps les prisonniers ou déserteurs, je n'ai pas encore reçu les cinq Cosaques montés, pris à Lomza le 20.

La conduite du commandant du 2e n'est pas des plus belles, ce régiment a besoin d'un chef, je vais profiter de cette circonstance pour renouveler ma demande.

J'espère que la perte du 1er n'aura pas été aussi conséquente.

Recevez, mon cher Général, l'assurance de toute mon estime.

Il faut établir beaucoup (mot illisible) et sur les derrières vos ateliers de réparation. Je vous autorise à les placer dans les cantonnements du général Friant les plus rapprochés de la Narew.

Le Maréchal,
L. DAVOUT.

---

1. Cette lettre achetée à une vente d'autographes, ne portait aucune désignation.

A MONSIEUR LE MARÉCHAL DUC DE REGGIO

Brünn, le 18 août.

J'ai reçu, mon cher Maréchal, tes félicitations sur le nouveau témoignage de bienveillance que vient de m'accorder notre souverain.

Je te remercie de la part que tu y prends, et je te prie de croire que j'ai appris aussi avec une bien vive satisfaction que tu étais nommé duc de Reggio. Reçois aussi mes félicitations et crois à mon sincère attachement.

Le Maréchal,
Duc D'AUERSTAEDT.

La foule maudit l'instrument qui la frappe, sans remonter jusqu'à la volonté qui fait agir l'instrument. Les esprits d'élite seuls savent rendre à César ce qui appartient à César. Le comte Zaluski et le comte Félix Potocki avaient compris combien le cœur et combien l'esprit politique du maréchal Davout souffraient des mesures *dangereuses* commandées par l'Empereur contre la Pologne, mesures que son lieutenant faisait à son vif regret exécuter, tout en portant le poids des rancunes.

Avant d'analyser une correspondance d'un grand intérêt échangée entre le comte Potocki et le duc d'Auerstaëdt, nous donnerons copie du brouillon d'une lettre adressée par le comte Potocki à celui que Zaluski appelle justement : l'ami de la Pologne.

Lisons d'abord, dans le second volume du *Maréchal Davout raconté par les siens et par lui-même*, page 326, ce passage d'une lettre adressée à la maréchale :

Il y a eu dans la cour du château un combat qui prouve la supériorité des Polonais sur les Autrichiens. Un parti de douze lanciers polonais a surpris 110 hussards autrichiens, en a blessé une trentaine et s'est retiré dans le meilleur ordre emmenant quelques prisonniers et avec une perte de deux hommes. Cette nation a déployé dans cette circonstance un esprit qui ne peut qu'ajouter à l'estime qu'elle commande pour l'histoire. Toutes les classes sont animées du même esprit et les Français seraient sans honneur s'ils ne faisaient pas l'impossible pour ces braves alliés.

Les *Mémoires du général Berthezène* nous montrent le maréchal ne *voulant pas être sans honneur*, et protégeant à Vienne la députation polonaise *contre* Napoléon.

Les Russes ne seraient jamais venus en France si, en 1808, et encore en 1812, l'Empereur eût daigné écouter cette parole souvent répétée par Davout : « *Une alliée vaut mieux qu'une esclave.* »

La Pologne libre et forte, énergiquement reconstituée, au lieu de tomber avec nous nous eût sauvés.

En vérité, le comte Potocki avait raison d'écrire la lettre que voici.

A MONSIEUR LE MARÉCHAL D'EMPIRE DAVOUST, DUC D'AUERSTAEDT

Monsieur le Maréchal,

J'ai eu l'honneur de vous adresser plusieurs lettres, et nommément une de Mansanarès dans la Manche, en date du 15 avril.

Je vous ai détaillé, dans cette dernière lettre, l'amertume de notre position sous tous les rapports, en sorte que vous ne vous étonnerez pas, monsieur le Maréchal, de la détermination définitive que j'ai prise de quitter le service.

J'ai adressé ma demande à S. M. l'Empereur, par la voye de S. E. le Ministre de la guerre.

Vous êtes le seul entre vos compatriotes, monsieur le Maréchal, à l'opinion duquel je tienne ; aussi j'ai à cœur........

La lettre du colonel Polonais s'arrête malheureusement là. Les *Mémoires* du comte Zaluski expliquent ce découragement en racontant, avec un terrible accent de vérité, comment les régiments polonais, en Espagne, toujours envoyés au péril, étaient dépouillés de l'honneur au profit des divisions françaises, qui avaient assez de gloire pour n'en pas priver les autres.

Le comte Potocki, sans doute par les conseils du maréchal, ne donna pas sa démission. C'est à lui qu'il dépeint l'état de misère où se trouve son régiment, sans solde, sans vêtements, en quittant l'Espagne. Nous trouvons encore une série de rapports sur la situation de la Pologne, sur ce qui serait à faire pour la relever, qui n'est pas l'œuvre d'un esprit ordinaire. Le comte sait voir, sait observer, et il *a des idées.* Les fautes commises par le gouvernement, constitué trop imparfaitement, le désolent, et il en parle au maréchal, qui, dans le même temps, ne pouvant suivre ses idées, ni remédier à rien, écrit à la maréchale : « Depuis un mois j'éprouve beaucoup moins de contrariétés. C'est malgré cela un rude métier, bien peu dans mes goûts. » Page 312, nous lisons. « Mes occupations sont toujours bien ennuyeuses et bien discordantes avec mes goûts ; mais dans cette circonstance comme dans toutes je ne consulterai que ce que me prescrit le service de l'Empereur. »

Servitude et grandeur militaire d'Alfred de Vigny est un beau livre, auquel tout vrai soldat, à une heure donnée, ajoute quelques pages écrites avec le sang de son cœur.

En Pologne et en Russie, le prince d'Eckmühl a rongé un dur frein sans chercher à s'y dérober ; mais, page 313 du volume déjà cité, on le voit pour ainsi dire sourire à l'idée de la disgrâce : « Je n'en éprouverais aucun mécontentement ne l'ayant pas méritée, et mon bonheur particulier en serait peut-être plus certain. »

Les ambitieux feraient sagement de méditer cette page d'une philosophie si douce et si haute. Il nous faut revenir au colonel Potocki et à ses remarquables rapports : le premier il observe les mouvements soigneusement dissimulés de la Russie, et il renseigne admirablement le maréchal, qui ne cesse de l'interroger.

L'ordre du maréchal pour indiquer la façon d'organiser *une garde du pays* est admirable; il dit n'avoir pas le règlement de la garde-nationale, afin, libre de gauches entraves, de former un corps capable de servir au lieu de nuire.

Le défaut d'espace nous contraint à donner seulement une rapide analyse des vingt-six lettres et rapports souvent fort détaillés du comte Potocki. Je le regrette, car l'ensemble de ces papiers donne une haute idée de l'homme qui avait pressenti les espérances du maréchal au sujet de la Pologne, et qui se montre tout à fait digne de travailler à en faire une réalité solide.

Nous donnerons encore la traduction, faite par un ami Polonais, d'un passage du livre intitulé *« Obrazy, scènes de la vie des quelques dernières générations en Pologne »*, par Jules Falkowski.

Le prince Poniatowski s'appliquait lui-même avec le plus grand zèle à faire réaliser à la nouvelle armée polonaise les progrès nécessaires, passant chaque jour quelques heures à exercer sa division, de manière à ce qu'elle fit bonne figure devant le maréchal Davout. Cet illustre capitaine français avait été en effet appelé par l'Empereur à prendre le commandement en chef de toutes les troupes devant avoir leurs quartiers dans le grand duché de Varsovie dont le nombre avait été fixé par Napoléon à 30,000 et en réalité dépassait de beaucoup ce chiffre. Davout eut en tout sous ses ordres jusqu'à 60,000 hommes que le grand-duché dut nourrir à ses frais pendant toute une année, tout en fournissant à l'entretien complet de 37,000 soldats composant son propre contingent. Le 16 août 1808, Davout arriva à Varsovie et se mit bientôt en devoir de passer en revue les trois anciennes légions polonaises, converties en divisions.....

Le Maréchal commença son inspection par la division du prince Joseph, dont l'état-major se trouvait à Varsovie. La bonne tenue, la discipline et l'air martial qu'il trouva parmi ces troupes le surprirent ; il en exprima son étonnement dans l'allocution qu'il fit aux officiers après avoir terminé sa revue. « *Il faut être,* dit-il, *témoin oculaire d'une armée si rapidement réunie et présentant déjà un aspect si parfaitement militaire pour se convaincre de la véracité des historiens qui nous ont représenté la nation polonaise connue de tous temps vaillante et créée pour le métier des armes. Cette jeune armée a déjà fait ses preuves, preuves qui la mettent au niveau de ses ancêtres.*

Après avoir exposé les devoirs du soldat et de l'officier, il termina par ces paroles pleines d'encouragement : « *Cette nation, renaissant de ses cendres, doit faire tous ses efforts pour se rendre digne des vues que le grand empereur mon maître a sur elle, et des destinées qui l'attendent.* »

En parlant ainsi, Davout était profondément sincère. Il rêvait en effet, lui aussi, à la couronne de Pologne [1]. C'est pourquoi il cherchait à se concilier les affections des Polonais par tous les moyens qui étaient en son pouvoir, et son pouvoir ne se bornait pas au commandement de l'armée réunie dans le Grand-Duché. Il fut, non pas officiellement sans doute, mais bien effectivement, gouverneur militaire de ce nouvel état, pendant la première année de son existence. Il représentait l'empereur lui-même, qui lui avait confié le contrôle suprême de tous les pouvoirs civils de ce pays en voie d'organisation, afin d'assurer l'exécution fidèle et énergique de l'ordre imaginé par lui. Le comte Ostrowski compare la situation assignée au maréchal dans le Grand-Duché aux fonctions d'un précepteur auprès d'un adolescent émancipé en apparence. Il définit ainsi qu'il suit les limites du pouvoir et de l'activité de l'illustre guerrier que Napoléon nous avait laissé en 1807.

Le Maréchal Davout tenait le rôle d'un gouverneur militaire, ou plutôt d'un vice-roi du grand-duché, avec des pouvoirs très étendus, devant lesquels tremblaient les autorités locales, voire les Français eux-mêmes demeurés parmi nous. Bien qu'il nous rappelât par sa présence que notre indépendance était encore à conquérir, bien que ce fût lui qui gouvernât en réalité par l'entremise des magistratures nationales et qu'il

---

1. Villemain, *Souvenirs*, p. 171.

exerçât son influence sur toutes les branches de l'administration, néanmoins, par son honnêteté bien connue, la sévérité militaire, l'énergie qui faisaient le fond de son caractère, par la discipline exemplaire qu'il maintint dans l'armée, il contribua beaucoup à établir en peu de temps quelque ordre dans le pays et il stimula heureusement l'activité du gouvernement.

Le comte Potocki nous a révélé les hésitations, les faiblesses, les fautes de ce gouvernement.

Je n'ai pas voulu interrompre le récit de M. Falkowski, auquel je ne saurais d'ailleurs reprocher sans injustice d'avoir cité les paroles d'un Français, d'un grand écrivain, mais d'un historien fantaisiste, écoutant plus souvent son caprice ou sa passion politique, que la voix de la vérité.

J'ai réfuté M. Villemain dans le second volume du *Maréchal Davout raconté par les siens et par lui-mêr*   et je redirai :

Non ! le maréchal ne désirait point devenir roi de Pologne ; mais son bon sens et le véritable esprit politique lui faisaient vouloir une Pologne libre et forte, boulevard de l'Europe latine contre les barbares du Nord, parmi lesquels je comprends les Allemands.

Il y a des âmes si hautes, si désintéressées, que ce n'est pas l'affaire de tous de les deviner ni de les comprendre, quelque dose d'esprit que l'on puisse rencontrer parmi le public appelé à juger.

J'oserai ajouter à cette protestation absolument sincère que si le maréchal Davout fût devenu roi de Pologne, bien des larmes, bien des malheurs, bien du sang eussent été épargnés au monde, et sans doute à cette heure il y aurait une Pologne. Davout valait au moins Bernadotte.

Le même ami a bien voulu traduire cette page de la correspondance de la comtesse Anna Nakwaska avec sa sœur.

Cet hiver sera probablement très coûteux grâce au luxe qui règne dans les toilettes. Les soirées sont très fréquentes, se renouvelant toutes les semaines chez le prince Joseph Poniatowski. On annonce des bals chez le maréchal Matachowski et chez la comtesse Stanislas Potocka, chez le Ministre de France, M. de Bourgoing, et chez le maréchal Davout, qui donne une grande fête mercredi, jour anniversaire du couronnement de l'empereur. Demain réception à la cour... Je dois ajouter que l'on ne s'amuse guère à toutes ces réunions.....

3 décembre. Le bal d'hier soir, donné par le maréchal Davout, a été magnifique. Il eut lieu dans la salle du théâtre disposée comme pour le bal donné par l'armée française ; seulement l'éclairage laissait moins à désirer. Leurs Majestés prirent d'abord place dans leur loge, avec la Princesse ; la fête a été commencée, en effet, par une représentation théâtrale adaptée à la circonstance. Tous les rôles étaient tenus par des personnes de la société.

Parmi les femmes, Mme Cichocka, Mlle Zajacek et la femme du colonel commandant la place, Mme Target.

Les danses commencèrent ensuite, ouvertes par un quadrille où le maréchal Davout dansa avec la Princesse royale. La foule était énorme, surtout aux abords du souper, qui ne justifiait d'ailleurs pas cet empressement.

Cette note de critique doit être exacte. La table du maréchal, le moins gourmand des hommes, était des plus frugales: ma mère m'a plusieurs fois raconté comment les officiers de l'état-major se réjouissaient de son arrivée par la pensée qu'il y aurait un dessert et que le repas se prolongerait au delà des dix minutes ou du quart d'heure réglementaire. A Paris encore, le prince d'Eckmühl en sortant de la chambre des pairs ou de quelque réunion, rentrait assez tard en annonçant à la maréchale quatre ou cinq convives et répondait à ses justes plaintes de maîtresse de maison: « que l'on fasse une omelette ».

Avant de continuer la transcription de ces lettres anecdotiques, nous croyons devoir donner le billet adressé par le maréchal Davout à la princesse Radziwill, afin de l'inviter à la fête ci-dessus décrite par la comtesse Anna.

Madame,

J'espérais aller moi-même à l'Arcadie pour vous prier de me faire l'honneur d'assister au spectacle qui aura lieu le 14, dans la salle du théâtre polonais et au bal que je donnerai le 15 de ce mois, pour célébrer l'anniversaire de mon auguste souverain.

Vous connaissez le désastre qui, en m'éloignant de votre voisinage, m'a privé d'avoir l'honneur d'aller vous faire ma cour et vous porter mon invitation [1].

J'espère que celle-cy ne vous arrivera pas trop tard et que vous voudrez bien quitter un moment votre campagne pour venir à Varsovie célébrer avec nous la fête de l'empereur Napoléon.

J'ai l'honneur d'être avec respect, Madame,

Votre très humble et très obéissant serviteur.

Le Maréchal d'Empire,
L. DAVOUT.

Varsovie, le 12 août 1808.

P. S. Permettez que monsieur le prince de Radziwill trouve ici la même invitation de ma part [2].

1. L'incendie de l'habitation d'été du Maréchal, charmant palais, tout en bois, qui brûla comme un paquet d'allumettes. Ma mère m'a souvent raconté qu'elle s'était sauvée avec ses enfants dans les bras et qu'en dehors de ses bijoux, arrachés au feu par le dévoument de sa femme de chambre, il ne lui resta rien de toutes les élégances de cette délicieuse demeure, ni des parures apportées de Paris.
2. Cette lettre fut-elle adressée à la spirituelle et originale princesse Radziwill que les souvenirs de la comtesse de Choiseul Gouffier nous montrent demandant à l'empereur Alexandre de lui céder une portion de terrain afin d'agrandir l'Arcadie, sa demeure favorite? Le ministre Novosittzoff mettant peu d'entrain dans son obéissance aux ordres de l'empereur, la princesse s'écria en s'adressant à Alexandre : « Est-ce ma faute si je n'ai pu terminer cette affaire avec deux Primats et Davout!.. Ils ont tous dégringolé; mais vous, Sire, j'espère que vous ne dégringolerez pas! ».

Varsovie, mai 1808,

Les fêtes données à l'occasion de la naissance du prince Joseph Poniatowski avaient pris fin et la plus grande partie de la haute société Polonaise quittait Varsovie, quand arriva une dame destinée à tenir la première place en cette société ; je veux dire la maréchale Davout, duchesse d'Auerstaëdt.

Son arrivée tardive ne l'empêcha pas d'être accueillie, dès son entrée dans les limites du grand duché, avec les mêmes honneurs, à peu près, que ceux qui avaient été rendus précédemment à la famille royale. Elle fit son entrée à Posen au milieu de salves d'artillerie et des éclats de la musique militaire. Les troupes françaises et polonaises faisaient haie sur son passage. Dès qu'elle fut descendue dans l'appartement qui avait été préparé pour elle, les autorités civiles et militaires vinrent lui rendre leurs devoirs.

Le soir, la ville fut illuminée. Après un séjour de trois jours, les mêmes honneurs accompagnèrent son départ. Elle ne se rendit pas directement à Varsovie, mais s'arrêta quelque temps dans la magnifique terre de son mari qui ne devait pas en rester longtemps possesseur; la terre de Skierniewice.

Ce fut le 21 mai seulement qu'elle fit son entrée triomphale à Varsovie, en compagnie du maréchal.

Le prince Joseph fut à sa rencontre avec une escorte d'officiers polonais. Tous les généraux français en firent autant, ainsi qu'une quantité innombrable d'officiers et de personnages civils.

Tout ce monde accompagna le couple illustre, à cheval ou en voiture, à travers toute la ville jusqu'à la rue Napoléon [1], jusqu'à l'hôtel Pepper où demeurait le maréchal.

Les troupes polonaises et françaises bordaient la rue des deux côtés et la musique ne cessa de jouer. Immédiatement après son arrivée, toutes les autorités vinrent rendre leurs devoirs à Madame la maréchale. Le soir l'hôtel de ville et tous les édifices publics furent illuminés. Enfin, le lendemain, les dames de qualités restées à Varsovie vinrent se faire présenter.

Il nous semble curieux de faire succéder à ce récit triomphal la lettre par laquelle le maréchal demandait à Napoléon l'autorisation d'aller au-devant de celle que la Pologne avait ainsi fêtée.

LETTRE DU MARÉCHAL DAVOUT A L'EMPEREUR

Sire,

Votre Majesté m'ayant autorisé à faire venir ma femme, je viens d'apprendre qu'elle est en route. J'ai prié S. A. le major général de demander à Votre Majesté de me permettre d'aller au-devant d'elle jusqu'à Vienne. Je n'userai de cette permission que lorsque je saurai le moment de son arrivée, et seulement dans le cas où le bien de votre service ne pourra souffrir de mon absence.

J'ai l'honneur d'être, Sire, etc.

Duc D'AUERSTAËDT.

---

1. Ci-devant et ci-après la rue Miodowa.

Brünn le 2 octobre 1809.

Le major général lui répondra qu'il n'y a pas d'inconvénient.

N. B.

Schoenbrün, le 3 oct. 1809.

Revenons maintenant aux « Obrazy » de M. Falkowski.

Le soulagement apporté au trésor du grand duché par l'ordre donné au corps du maréchal Davout de payer toutes les fournitures qu'il recevrait des habitants (à partir du mois de juin 1808) ne fut pas uniquement un effet du bon cœur de Napoléon. Le trésor du grand duché se trouvait dans l'impossibilité matérielle de supporter cette charge et, d'autre part, dans les plans aventureux de l'empereur, le corps du maréchal Davout n'était pas destiné à demeurer longtemps dans le grand duché. Dès le commencement de décembre 1808, en effet, ce corps passa en Silésie et eut son quartier général à Breslau. Davout conserva encore quelque temps le commandement supérieur des troupes polonaises et saxonnes; mais il se démit du commandement immédiat des divisions polonaises en faveur du prince Joseph. Il n'abdiqua également pas la surveillance politique du duché, et le commandement de la place de Varsovie fut par lui confié à un officier français, son subordonné, le colonel Saunier [1].

---

[1]. Voir, à l'appendice, différentes lettres adressées au colonel Saunier ou le concernant : ces pièces témoignent du cas que faisait le maréchal Davout de la façon de servir de cet officier.

Après les intéressantes traductions de M. Waliszewski, nous donnerons une belle lettre du maréchal, adressée de Passau, le 15 janvier 1810, au général comte Zaluski, puis deux ou trois lettres adressées au colonel comte Potocki. Nous le répétons avec bonheur, les remarquables rapports de ce dernier, visiblement adressés « *à un ami de la Pologne* », offrent un intérêt aussi grand pour l'histoire de la patrie du comte que pour l'histoire du maréchal Davout. Aux témoignages imprimés, authentiques, de la haute estime en laquelle les *vrais Polonais*, les Polonais de cœur et d'esprit, tels que le général comte Zaluski, tenaient le duc d'Auerstaëdt, il nous est doux d'avoir pu joindre l'intelligente et flatteuse opinion du comte Félix Potocki. Le comte Zaluski, comptant parmi les ancêtres de son nom un illustre historien, félicité de son consciencieux et admirable travail par un juge éminent, par le pape Clément XIV, savait que la terrible et fatale loi d'envie propage plus facilement le blâme que l'éloge ; il a donc réclamé énergiquement par esprit de justice, dans un très éloquent volume [1], contre les légèretés historiques avancées par MM. Thiers et Villemain, à propos de la conduite tenue par le maréchal Davout en Pologne.

---

1. *La Pologne et les Polonais*, réponse à M. Thiers.

Monsieur le Général,

J'ai reçu votre lettre du 5 janvier. J'ai lu avec beaucoup d'intérêt les détails que vous avez bien voulu me donner sur la campagne de Pologne. Si, comme vous le dites, l'armée polonaise a voulu nous prendre pour modèle, nous jugeons de notre côté qu'elle a égalé dans cette campagne les meilleures troupes.

Il est impossible en effet, dans les circonstances où vous vous êtes trouvés, attaqués à l'improviste par des troupes aussi supérieures en nombre, de déployer plus de vigueur, plus de constance et plus de talents militaires.

Cette campagne tiendra une place honorable dans l'histoire.

Je suis très satisfait de votre querelle sur ce que je vous avais écrit que je croyais remarquer dans votre dernière lettre une tendance au découragement, et j'ai beaucoup de plaisir à reconnaitre que ce petit reproche était sans fondement.

Je vous recommande toujours l'union, qui fait la force et qui est la meilleure des preuves du vrai patriotisme.

Recevez, Monsieur le général les assurances de mon estime et de ma parfaite considération.

Le Maréchal Duc d'Auerstaedt,
Prince d'Eckmühl,

AU COLONEL COMTE POTOCKI.

Je m'empresse, Monsieur le colonel, de vous témoigner ma satisfaction, pour le zèle et l'activité que vous avez mis à exécuter les diverses demandes que je vous ai adressées et notamment pour des levées d'avoine, de bestiaux et de légumes secs.

C'est en servant ainsi qu'un officier particulier témoigne le zèle qui l'anime pour le bien du service de son souverain.

Je n'oublierai pas, et je saisirai l'occasion de faire connaître que si les chevaux de l'artillerie du 3ᵉ corps sont en état de faire un service actif, c'est à vos bons soins et à votre zèle qu'on doit cet avantage.

Je vous invite à rassembler, en prenant s'il le faut sur votre réserve, 600 rations d'avoine que vous ferez passer de suite à la 1ʳᵉ division et autant à la 3ᵉ, et, en cas de nécessité, vous feriez remplacer cette quantité par l'avoine que vous avez envoyé chercher à Wraktowieck.

J'ai l'honneur de vous saluer.

Le Maréchal,

L. Davout.

Osterode le 15 mai 1807.

Continuez vos envois de légumes secs, ils nous rendent les plus grands services.

A M. LE Cᵗᵉ FÉLIX POTOCKI, COLONEL DU 4ᵉ RÉGIMENT D'INFANTERIE POLONAISE.

Son Exc. M. le maréchal a lu, Monsieur le colonel, avec le plus grand intérêt votre lettre. Ce que vous lui mandez sur la quantité de gens sans aveu, déserteurs russes et prussiens, qui se trouvent dans le pays où vous êtes et menacent de troubler la tranquillité, a particulièrement fixé l'attention de Son Exc. ainsi que la disposition où paraissent être quelques paysans de troubler le bon ordre, en donnant une fausse interprétation à l'article de notre constitution qui abolit le servage.

M. le maréchal pense que cette mesure sera aussi avantageuse aux seigneurs qu'aux paysans, parce que ces derniers ayant un grand intérêt à travailler, puisqu'ils en retireront plus de bénéfice, les seigneurs en auront de plus grands revenus ; d'ailleurs l'expérience des autres nations rend superflus les raisonnements, car là les faits parlent.

Ici la terre est aussi féconde que dans beaucoup d'autres pays, et cependant il est notoire que la différence entre les produits est d'un à dix. Mais les raisonnements seraient encore inutiles dans un pays où cette mesure a été appelée par le vœu général et n'a eu contre elle que des individus qui ont toujours passé pour les ennemis de leur patrie. La seule crainte des esprits sages était dans le mode d'exécution : or, autant il a été difficile de l'établir dans les temps orageux où la loi avait été portée, autant cela sera facile et sans inconvénient dans les circonstances actuelles, puisque les lois qui seront faites pour y parvenir le seront par les seigneurs les plus intéressés eux-mêmes à adopter les meilleures mesures.

En attendant que les autorités établies par la constitution soient organisées, l'intention de M. le maréchal est de prendre des mesures provisoires pour assurer la tranquillité dans un pays où il a cru ne devoir mettre que peu de troupes à raison des surcharges que le pays avait éprouvées par la présence d'armées nombreuses : il vous invite en conséquence, Monsieur le colonel, à organiser les propriétaires en garde nationale, dans tout le pays appartenant au duché de Varsovie, entre la rive droite du Bug, le pays appartenant aux Russes jusqu'à Zohansburg et la frontière de l'Ost Preussen, et en descendant l'Omulef par sa rive gauche jusqu'à son embouchure dans la Narew, les troupes françaises ou alliées qui s'y trouvent étant suffisantes pour maintenir l'ordre.

Les gardes nationales que vous aurez organisées n'auront d'autre service à faire que d'arrêter, sur les réquisitions des autorités locales, les déserteurs russes et prussiens et les gens sans aveu qui parcourent le pays, et de réprimer les désordres attentatoires aux personnes et aux propriétés.

Dans tout le pays Augustowo et Johansburg, les gens sans aveu et déserteurs seront conduits à Augustowo et le Bug, on les réunira à Ostrolunska ; ces hommes seront gardés et nourris jusqu'à ce qu'il s'en trouve un détachement de vingt ; alors ils seront conduits, sous escorte, devant le commandant de place de Varsovie.

Vous demandez par votre lettre, Monsieur le colonel, les lois sur l'établissement des gardes nationaux de France ; n'en ayant point ici, je vais vous donner quelques idées sur cette organisation ; elles vous seront suffisantes pour faire un travail provisoire [1] :

1° Inscrire tous les propriétaires en état de porter les armes par arrondissement déterminé par les autorités civiles, et depuis l'âge de 21 ans jusqu'à celui de 60.

2° Par 120 hommes former une compagnie sur le

---

[1] On nous pardonnera d'émettre l'idée que le maréchal, qui portait dans ses bagages codes et cartes en grand nombre, trouvait ainsi le moyen d'indiquer un règlement meilleur que le règlement ayant cours.

même pied que les troupes de ligne. Désigner provisoirement les officiers et sous-officiers parmi les hommes le plus en état de commander.

3°. Sur 120 hommes former une compagnie sur le même pied que les troupes de ligne, désigner par 8 compagnies un chef de bataillon et par 16 un colonel.

Il n'est pas nécessaire de créer d'autre état-major, cette force n'étant destinée à se réunir que dans le cas où l'ordre public viendrait à être troublé.

Il n'y a nulle apparence que même la réunion des 8 compagnies doive jamais être nécessaire ; avec une ou deux Compagnies, on aura toujours assez de moyens pour réprimer les désordres.

Les compagnies seront numérotées, et, en cas de besoin, lorsque deux compagnies seront réunies, le capitaine qui aura le premier N° en prendra le commandement.

Les troupes de ligne ne cesseront pas pour cela d'être, pour le même objet, à la disposition des autorités constituées.

En organisant provisoirement cette garde du pays, on doit compter sur le maintien de l'ordre.

Votre gouvernement est prévenu, Monsieur le colonel, que M. le maréchal vous a choisi pour faire cette organisation afin que toutes les autorités du pays soient invitées à vous seconder.

Il a été également écrit aux commandants français et polonais pour qu'ils aient à obtempérer aux réquisitions des autorités du pays pour la répression des désordres ; ces commandants feront leurs rapports sur les réquisitions qui leur seraient adressées par les autorités et sur leurs résultats.

J'ai l'honneur de vous saluer,
Le général chef d'état-major par intérim,

HERVÔ.

P. S. M. le maréchal me charge de vous recommander de mesurer vos démarches de manière à ce que cette opération, qui n'a d'autre but que le maintien de l'ordre, ne puisse pas être faussement interprétée chez les puissances voisines.

HERVÔ.

De 1811 à 1815

LA RUSSIE ET HAMBOURG

Avant de donner ici les lettres par nous achetées, datées des années 1811, 1812, 1813, 1814, lettres dont l'importance n'échappera à personne, nous voulons faire un aveu qui nous est arraché par la lecture attentive d'un livre moins lyrique certainement, mais tout aussi dramatique que la superbe épopée du comte de Ségur. Cette lecture, en nous pénétrant du sentiment de notre injustice envers la puissance particulière que donnait à Napoléon la nature même de son incontestable génie, nous a fait regretter certains jugements trop absolus émis par nous.

Nous entendons parler ici du *Manuscrit de 1812, pour servir à l'histoire de Napoléon*, par le baron Fain.

Ce récit, appuyé aux pièces justificatives, dans sa simplicité loyale, plus qu'aucun autre livre m'a fait comprendre les dévouements exaltés inspirés par l'empereur, que M. Fain fait aimer, tant il parle de lui avec amour. Il le montre vraiment grand pendant cette terrible retraite de Russie, et son occupation constante des blessés le rend sympathique. Si l'empereur a eu des torts au début et à la fin de la campagne, il convient de se rappeler qu'il était homme et qu'aucun génie ne saurait échapper aux défaillances de l'humanité.

J'ai donc été injuste envers l'empereur par piété filiale. En lisant dans le recueil de M. Fain les brutales lettres adressées par Napoléon à son fils d'adoption, l'aimable prince Eugène, j'ai excusé certains ordres adressés à mon père, et puisque la brutalité était une coutume de l'empereur, il faut se contenter de répéter, après M. de Talleyrand : « Quel dommage qu'un aussi grand homme ait été si mal élevé ! »

On nous permettra d'ajouter que le livre du baron Fain, entièrement consacré à la gloire de l'empereur, est tout à fait considérable pour l'histoire du maréchal Davout.

M. Fain ne quittait pas Napoléon, et il ne rapporte de lui aucune parole amère contre le prince d'Eckmühl, nommé de 50 à 60 fois dans le

premier volume, de 80 à 90 fois dans le second.
Je dirai de plus que M. Fain semble tacitement
regretter que l'on ait privé le prince d'Eckmühl
de plusieurs de ses divisions, par cela même qu'il
constate, avec un plaisir secret [1], la joie qui éclate
sur le visage du maréchal en se retrouvant à la
tête de ses soldats et la joie des soldats d'avoir
reconquis leur maréchal.

Cette constatation, pour qui sait lire, est tout
à fait importante.

De deux choses l'une : ou les dissentiments ont
surgi pendant le séjour à Thorn du maréchal
Davout, dissentiments suscités après coup par les
jalousies de l'entourage, puisque le plus léger
blâme ne se trouve jamais sous la plume de
M. Fain, bienveillant par nature, il est vrai, mais
qui enregistre néanmoins les fautes commises par
d'autres maréchaux et signalées par l'empereur; ou
M. Fain, témoin de l'héroïque conduite du prince
d'Eckmühl pendant toute cette campagne, a peut-
être craint de nuire à Napoléon, son idole, en rapportant d'injustes paroles lancées contre un soldat
sans peur et sans reproche. L'historien Russe de
cette superbe et terrible guerre, M. de Butterlin,
dit: « *Les yeux de la Russie étaient fixés sur le*

---

1. Page 355 du 1ᵉʳ volume.

prince d'Eckmühl. » On cherche très ordinairement à rabaisser ceux qui dépassent le niveau commun, ou bien, avec plus de perfidie encore, on exalte les grands talents d'un homme, en déplorant son orgueil, son infatuation de lui-même, fût-il, comme le prince d'Eckmühl, grand par sa modestie, plus encore que par son génie militaire; or il est facile d'irriter le maître, surtout à l'heure des revers, contre celui qui a eu trop raison.

Redisons une fois encore la parole de Shakespeare, tant elle résume la situation : « *Celui qui fait mieux que son général devient le général de son général et mécontente son général.* »

Nous ne résistons pas au désir d'appuyer ce mot trop vrai par quelques paroles empruntées au livre même du baron Fain. Page 198 : « C'est une troupe d'élite que ce maréchal (Davout) a formé et qui ne compte pas moins de 70 mille baïonnettes. » Page 209, on trouve le maréchal Davout maître de Minsk, et Bagration pressé entre le roi de Westphalie et le prince d'Eckmühl. Pages 230 et 232 : « Des ordres pressants commandent au roi Jérôme d'avancer et il n'avance pas, et Bagration est sauvé par cette désobéissance. » La scène retracée, comme à regret, par le baron Fain est curieuse ; l'empereur, en apprenant que son frère s'est retiré de l'armée, s'écrie : « *Quelle incartade! puis il renferme bientôt ce grief dans* son cœur, et désormais il restera silencieux sur cette circonstance grave de la campagne. »

C'était bien de la faiblesse pour son jeune frère, lui si terrible dans ses colères, même contre le noble prince Eugène qu'il fait tancer par Berthier de la plus dure façon. Page 270, on lit : « Le prince d'Eckmühl est de nouveau *en état de s'opposer à ce nouveau rendez-vous des troupes ennemies.* » Page 273, on voit le prince d'Eckmühl, vainqueur à Soultanowka, *regarder à sa montre, épier le canon français qui doit assurer la victoire!* Mais hélas! il attend en vain!

Le mot de l'empereur lors de la bataille de Wagram et d'Eckmühl : « *Voyez ce Davout, comme il manœuvre, il va encore me gagner cette bataille-là!* » est célèbre. Un tel cri d'admiration ressemble à une arme à deux tranchants; lors de cette double bataille, après l'admirable combat de Thann, aussi extraordinaire que la bataille d'Auerstaëdt, le maréchal Davout avait simplement répondu à l'empereur lui envoyant l'ordre d'arriver au plus vite à la rescousse: « *J'y serai!* » et en effet il était là, le grand soldat, pour changer en victoire une terrible et incertaine mêlée, peut-être pour sauver l'armée ; n'était-il pas d'ailleurs toujours au danger et à la victoire?

La table raisonnée du second volume de l'histoire de 1812, par M. Fain, en parlant du maréchal prince d'Eckmühl, ressemble à une épopée ; et cependant on assure que le maréchal prince de la Moskowa s'est laissé entraîner à accuser mon père de ne l'avoir pas soutenu à temps, de l'avoir abandonné lors de la cruelle retraite de Russie ; il s'est trompé. Le futur défenseur de l'accusé de 1815, va nous le dire lui-même, on n'exalte point ainsi l'homme envers lequel on a eu des torts.

En novembre 1883, j'ai eu l'heureuse fortune de pouvoir acquérir à une vente d'autographes onze lettres de mon père, toutes belles et témoignant d'une étrange unité de nature ; je dois ajouter d'une certaine allure dramatique, tout à fait naturelle à cette grande âme, mais de laquelle résulte une impression singulière, une admiration étonnée qui voile d'abord pour le cœur l'exquise et haute bonté du soldat.

Nous donnons toutes ces pièces. La plus belle est incontestablement une lettre adressée au chevalier Guillaume de Vaudoncourt, en laquelle, de son château de Savigny, dès 1814, le maréchal Davout demandait qu'il fût rendu justice à l'héroïsme des soldats lors du passage de la Bérésina, et surtout justice au prince de la Moskowa, qui l'avait méconnu, livré aux jalouses rancunes de Napoléon, tourmenté par un souvenir importun : en vain l'empereur cherchait à étouffer la pensée que, s'il eût daigné écouter le prince d'Eckmühl au début et même à la fin de cette terrible campagne de Russie, les désastres de la retraite eussent été épargnés à l'armée et à la France ; sa conscience protestait et aigrissait son humeur. Mais laissons parler le maréchal : cette lettre, dans sa noble et généreuse simplicité, dans son mâle esprit de justice, est plus éloquente que ne saurait l'être aucune parole de louange.

A M. LE MARÉCHAL DE CAMP, CHEVALIER GUILLAUME DE VAUDONCOURT, RUE BAILLET, N° 10.

Savigny, le 22 novembre 1814.

Monsieur le Général,

J'ai reçu la lettre que vous m'avez fait l'honneur de m'écrire en m'envoyant votre relation du passage de la Bérézina. Je suis très sensible aux sentiments que vous exprimez dans cette lettre sur mon compte, et je me ferai un plaisir de vous communiquer mes notes sur la marche du Ier corps de la Grande Armée en 1812, et sur les mouvements de l'armée française auparavant le passage du Niémen. J'ai reconnu dans votre relation l'intention d'être impartial, et lorsque vous ne réussirez pas, il m'est démontré que ce sera parce qu'on vous aura donné des renseignements inexacts. Ainsi je crois que vous ne trouverez pas mauvais que je vous fasse remarquer des omissions qui m'ont frappé dans la relation du passage de la Bérézina.

L'empereur Napoléon arriva à Weselow à la pointe du jour du 26; il fit passer à la nage quelques cavaliers polonais et quelques voltigeurs ; il fit placer une formidable artillerie sur la berge élevée de la Bérézina. Il fit construire deux ponts, et toute l'armée admira le courageux dévouement des sapeurs et pontonniers, qui passèrent des heures entières dans l'eau glacée, pour placer des chevalets ; c'est ce dévouement qui fut apprécié de toute l'armée que l'on regrette de ne pas voir citer.

Une autre omission est relative au combat du 28, sur la route de Borisow, dans la relation duquel j'ai remarqué que vous ne faisiez pas connaitre les grands services que le prince de la Moskowa a rendus à l'armée dans cette journée.

Le maréchal prit le commandement au milieu de l'affaire, lors de la blessure du duc de Reggio ; il s'y battit avec le 2ᵉ corps et le corps polonais avec une grande habileté et bravoure, et fit faire cette belle charge de cuirassiers qui produisit 3,000 prisonniers, qui passèrent devant toute l'armée française; succès qui décida de la journée et par conséquent du passage.

Je vous observerai aussi, Monsieur le général, que c'est atténuer le mérite du combat que de faire figurer le corps du prince de la Moskowa et du prince Poniatowski, sans faire connaitre qu'ils étaient réduits presqu'à rien. En résultat, le général Tschittchakoff n'a eu affaire dans cette journée que tout au plus à 7,000 hommes.

Parmi les traits de bravoure qui ont été admirés dans cette journée, on a remarqué le dévouement et le courage du général Zayouscheck; il y eut une cuisse emportée.

Les détails dans lesquels j'entre sont une preuve pour vous, Monsieur le général, de la conviction que j'ai de votre impartialité et de votre amour pour la vérité.

Recevez, Monsieur le général, l'assurance de ma parfaite considération.

Le Maréchal de France, Duc d'Auerstaedt,
Prince d'Eckmühl.

En lisant cette lettre, l'enthousiasme de M. Charles de Saint-Nexant nous revient en mémoire. Nous avons trop peu parlé, dans notre précédente publication, de l'étrange livre qui paraissait chez Plon, en 1863, sous ce titre : « *Des événements qui ont amené la fin du règne de Napoléon Ier.* »

Le prince d'Eckmühl est le vrai héros de ce volume, écrit sous la dictée de l'amour le plus passionné, mais le plus sévère, pour l'empereur. M. de Saint-Nexant compte avec désespoir les fautes par lui commises et s'écrie à peu près toujours : « Ah ! si Davout eût été là ! »

Cette opinion est d'autant plus flatteuse que l'auteur n'a connu du maréchal que ses actes : il est vrai qu'il a rencontré comme une tradition vivante, en rencontrant le comte Zaluski, et que, sans nul doute, celui-ci lui a communiqué ses vives sympathies pour « *l'ami de la Pologne* ».

Bernadotte est très durement mené, Marmont

écrasé, Clarke peu ménagé ; Soult et Grouchy sont fustigés sans miséricorde, Fouché est montré dans toute sa laideur, plusieurs autres personnages sont grièvement accusés et, comme pour reprendre haleine, l'écrivain revient à Davout : « *La vue de son uniforme valait une armée!* » dit-il.

Le prince d'Eckmühl est nommé quatre-vingt quatre fois dans ce volume de 500 pages. N'étant point obligé de tenir son admiration en bride comme la fille du héros que l'on pourrait accuser de juger son père avec trop de partialité, M. de Saint-Nexant lui donne libre cours.

Passionné dans ses haines comme dans ses sympathies, vrai et courageux dans ses opinions, M. de Saint-Nexant refait le règne de Napoléon à sa fantaisie. Il serait à désirer, pour le bonheur de la France, que les événements eussent suivi le cours indiqué par le rêveur, dont la pénétration bizarre, dont la connaissance, pour ainsi dire magnétique, des choses et des hommes revêt un cachet tout personnel, et passionne l'histoire comme un roman.

Cet enthousiaste de l'empereur est parfois un ami terrible; il ne voile aucun des défauts, aucune des fautes de Napoléon, mais il les attribue à un excès de générosité et de tendresse de cœur; ce jugement singulier et nouveau a eu son heure de fatale vérité; au début de la campagne de Russie, Napoléon s'est montré trop bon parent pour le salut de l'armée.

La marche droite et noble suivie par le maréchal Davout tout au travers de l'épopée impériale pénètre M. de Saint-Nexant du regret de voir l'empereur éloigner le héros, le patriote, l'honnête homme, et commettre de dangereuses erreurs « *que le prince d'Eckmühl aurait su réparer* ».

M. de Saint-Nexant montre enfin le maréchal insistant, avec le prince Lucien, pour engager Napoléon à prendre la dictature; puis, tout espoir perdu de ce côté, demandant qu'on *prenne* acte du démenti formel donné par lui à tous ceux qui répandent le bruit qu'il refuse de combattre.

« Fouché irrité s'écriant d'un ton amer : « Vous offrez de combattre, mais pouvez-vous répondre de vaincre ? — « Oui, répondit l'immortel maréchal avec une fermeté sublime, oui, *j'en réponds* si je ne suis pas tué dans les deux premières heures. » Nous ne saurions citer tous les superbes témoignages de justice rendus ici au prince d'Eckmühl, on nous accuserait de les arranger. Nous aimons mieux conseiller la lecture de ce volume original, bizarrement fait, mais très pensé, très médité, et nous ajouterons, ce qui est chose rare en pareille matière, aussi amusant qu'instructif.

M. de Saint-Nexant a jugé l'homme par ses actes et non d'après les écrits dictés par l'ignorance ou les passions politiques. Profonde est la parole du psaume : « *Tout homme est menteur!* » Nous ajouterons : et souvent menteur involontaire ; le dernier mot de l'histoire ne saurait être que le jugement de Dieu, Dieu seul connaissant le mobile des actes et l'essence de l'âme de ses créatures.

Avant de quitter la Russie, nous dirons qu'Alix de Choiseul, vicomtesse de Janzé, nous écrivait en octobre 1880 « avoir vu, dans l'église métropolitaine de Saint-Pétersbourg, Notre-Dame de Kazan, célèbre par sa magnificence, un bâton de maréchal de France conservé dans un tube de cristal, et placé parmi des clefs de ville et d'autres trophées de victoire. » Au-dessous de ce bâton, on lit, en langue latine et en langue russe, l'inscription dont voici la traduction telle qu'elle a bien voulu nous la donner, en même temps que la représentation du texte russe et du texte latin : « Bâton de Davout, maréchal de France, enlevé avec d'autres trophées dans le carnage (ou la déroute) de l'armée qu'il commandait auprès de Krasnoë, le 5me jour de novembre de l'année 1812. »

Nous devons à la vérité de dire que ce bâton a été pris avec les papiers et les effets du prince d'Eckmühl, dans ses fourgons de campagne.

Nous nous sommes laissée emporter par le passionnement du sujet ; avant de retourner en arrière, nous donnerons encore une lettre qui nous ramènera, pour un moment, en Pologne; puis nous reprendrons l'ordre chronologique des pièces en notre possession.

La guerre et la paix, — roman historique du comte Léon Tolstoï, a eu un trop grand succès, a été trop lu, pour que nous en répondions point à la scène d'indifférente cruauté prêtée au prince d'Eckmühl par une lettre adressée au comte Potocki et qui nous semble montrer le maréchal sous un jour bien différent.

A M. LE COLONEL FÉLIX POTOCKI

M. le maréchal ayant ordonné, Monsieur le colonel, qu'il lui fût donné les renseignements les plus détaillés sur la remise faite par des postes français aux autorités Russes de quelques malheureux déserteurs qui avaient passé sur le territoire du duché de Varsovie et n'ayant pas été satisfait de ceux qu'il a obtenus, vient de prescrire que tout le poste français ainsi que tout les individus qui auraient pris une part directe ou indirecte à cet acte seraient de suite envoyés à son quartier général à Varsovie, où Son Excellence se propose d'examiner elle-même toute cette affaire, et de faire poursuivre qui de droit.

Vous êtes autorisé, Monsieur le colonel, à faire connaître aux autorités du pays les mesures qui viennent d'être ordonnées par M. le maréchal sur cette affaire.

J'ai l'honneur de vous saluer, le général chef de l'état-major par intérim.

HERVÔ.

Sire,

Votre Majesté, par sa lettre du 26 octobre dernier, m'a fait connaître que son intention était que 400 hommes, pris parmi les réfractaires de l'ancienne France, venant des dépôts de Wesel et de Strasbourg, fussent choisis, pour compléter à 1100 hommes les anciens régimens de cavalerie de l'armée, et qu'ils fussent habillés et équipés aux régimens même en Allemagne.

J'ai l'honneur de rendre compte à Votre Majesté que le ministre de la guerre, en me faisant connaître la répartition de ces 400 conscrits me mande qu'il écrit au ministre directeur de pourvoir à leur habillement et équipement.

D'un autre côté, Votre Majesté m'informe qu'elle donne ordre aux dépôts de Wesel et de Strasbourg de fournir 600 hommes, également choisis, pour être envoyés au 4° régiment de la 3° division de cuirassiers.

M. le général Hogendorp me mande qu'il a reçu de Votre Majesté l'ordre d'en fournir 200; mais qu'il n'a ni effets, ni argent pour les faire habiller et équiper.

Je dois présumer que M. le général Charles de Plaisance, fournira aussi 400 conscrits pour cette 3° division de cuirassiers, et qu'il n'a aucun moyen pour les habiller.

Cependant Votre Majesté ayant ordonné que la 1re commande de 1812 fut achetée sans délai, je pense qu'il est essentiel que les hommes destinés à compléter les régiments de cavalerie arrivent le plus tôt possible, afin que les chevaux soient montés et soignés à mesure qu'ils seront livrés ; et je crois pouvoir assurer à Votre Majesté que cette commande de 1812 sera à peu près terminée vers le 15 janvier.

En conséquence, j'ai cru utile d'écrire aux généraux Hogendorp et Charles de Plaisance de faire partir promptement les hommes destinés à la 3ᵉ division de cuirassiers, dans la supposition, bien entendu, qu'ils n'auraient pas d'ordres contraires. Je fais fournir aux autres régiments de cavalerie les 400 conscrits qui doivent être pris parmi les réfractaires venus des dépôts de Strasbourg et de Wesel.

Je prie Votre Majesté de vouloir bien donner des ordres au ministre directeur pour qu'il envoie de suite des fonds pour l'achat de la 1ʳᵉ commande de 1812, ainsi que pour l'habillement des 1,000 conscrits que les régiments de cavalerie doivent recevoir.

J'ai l'honneur d'être, avec le plus profond respect,

Sire,

de Votre Majesté impériale et royale,

le très humble, très obéissant serviteur et fidèle sujet,

Le Maréchal, duc d'AUERSTAEDT,
Prince d'ECKMÜHL.

Hambourg, le 10 novembre 1811.

Hambourg, le 25 janvier 1812.

CORPS D'OBSERVATION DE L'ELBE

A soumettre à l'Empereur

Le Duc de Feltre.

Il faut espérer que le nouveau Colonel Dejean va remettre les choses en bon état. Je vais faire écrire au major à ce sujet d'une manière sévère.

Le Duc de Feltre.

Transmis à l'Empereur, le 30 janvier.

M. Barnier, 1ᵉʳ février.

Monseigneur,

J'ai pensé qu'il serait utile de faire connaître à Votre Excellence le véritable état où se trouve le 4ᵉ régiment de cuirassiers et j'ai, en conséquence, prescrit à M. le général Doumerc d'en passer une revue de rigueur.

Je m'empresse maintenant d'appeler l'attention de Votre Excellence sur les besoins de ce corps ; je ne puis mieux les lui indiquer qu'en mettant sous ses yeux quelques parties du rapport de M. le général Doumerc. Je les transcris littéralement, parce que je n'ai rien à ajouter à ses observations; il a divisé son travail par articles et je le suis dans sa marche :

TENUE

« Je l'ai envisagée comme étant très mauvaise, non sous le rapport de la bonne volonté des officiers et du soldat, mais en raison du mauvais état dans lequel se trouvent toutes les parties de ce régiment.

« J'ai remarqué que tout le régiment avait des surtouts au lieu d'habits courts : ne connaissant aucun ordre positif à cet égard, j'ignore lequel des deux est considéré comme uniforme. Ce qu'il y a de certain, c'est que les deux tiers des régiments de cuirassiers sont en habits courts, et que l'autre tiers est en surtouts ; il serait à désirer qu'on provoquât une décision à ce sujet, afin de pouvoir, par ce moyen, mettre de la régularité dans cette partie de l'habillement.

« *Les surtouts* sont assez bons, mais la coupe en est mauvaise.

« *Vestes.* — Il n'en existe que 247 en état, il en manque 530.

« *Gilets d'écurie.* — Ce régiment a pour gilets d'écurie des vieux habits courts qui sont tout usés. Il est vrai que le chef d'escadrons a reçu l'avis qu'on allait incessamment lui envoyer cette partie de l'habillement pour les années 1810 et 1811.

« *Culottes de peau.* — Tous les cuirassiers en ont, mais il y en a au moins moitié de médiocres.

« *Bottes.* — Les bottes, en général, sont en assez bon état.

« *Casques.* — Les casques de ce régiment sont dans le plus piteux état possible ; tous les turbans ont besoin d'être remplacés ; ils sont affreux, il en est de même des visières ; c'est une réparation totale qu'il faut dans cette partie, il n'y a que les cimiers et les bombes qui peuvent être utilisés.

« *Cuirasses.* — Elles sont généralement bonnes, mais elles ont besoin de grandes réparations telles que de les faire rentoiler, ce qui nécessite une grande dépense, tous les clous devant être enlevés et remis. Il faut en outre remplacer en partie les courroies qui sont trop courtes ou usées; les épaulières ont aussi besoin de grandes réparations.

« *Sabres*. — Il y a deux tiers de fourreaux de sabres qui sont en fer et deux tiers en cuir, encore a-t-il plu de faire doubler en cuir plusieurs fourreaux de fer.

« *Ceinturons de sabres*. — Ils sont en général mauvais, il y a à peu près un quart qui ne peuvent se mettre en bandouillère.

« *Gibernes*. — Une chose qui a dû m'étonner, c'est de voir ce régiment sans avoir de gibernes et sans avoir rien qui puisse contenir les cartouches. Le chef d'escadron commandant ce régiment m'a dit qu'elles manquaient depuis la formation de ce corps en cuirassiers, les bandouillères ayant, dit-il, servi aux réparations des ceinturons. Quant aux coffrets de gibernes on ne sait ce qu'ils sont devenus.

« *Selles*. — Elles sont en assez bon état.

« *Chabraques*. — Elles sont toutes très mauvaises.

« *Porte-manteaux*. — Il y en a 777 à l'effectif dont 400 méritent d'être réformés.

« *Manteaux*. — Sur 776, il y en a 300 de bons, 376 de médiocres et 100 à réformer.

« D'après ces détails, on verra combien ce régiment a de besoins pour être en état. J'estime qu'il lui faudrait 25 mille francs de secours extraordinaires pour faire les réparations urgentes. »

Monsieur le général Doumerc a reconnu qu'il y avait quatre hommes hors d'état de faire campagne, et 44 chevaux à réformer.

J'ai l'honneur d'adresser à Votre Excellence l'état des hommes susceptibles de réforme, et j'y joins le certificat du chirurgien-major.

Je lui transmets aussi la situation de l'armement de ce régiment.

Je donne également connaissance, en ce qui le concerne, au ministre directeur de l'administration de la guerre, du résultat de cette revue. Je le préviens aussi que, pour parer aux besoins les plus urgents, je fais mettre un à compte de 10,000 francs à la disposition de ce régiment attendu que si le gouvernement doit avoir recours contre le corps, il sera toujours temps de le faire.

Je ne terminerai pas ce rapport sans rendre compte à Votre Excellence que cinquante hommes, venus du dépôt il y a dix jours, sont arrivés au corps n'ayant d'autre habillement qu'un vieux habit court servant de gilet d'écurie, une culotte de peau, des guêtres et des souliers. Il est inconcevable qu'on ait laissé partir des hommes aussi mal vêtus contre la rigueur de la saison.

Le général Doumerc donne les plus grands éloges au bon esprit qui anime le 4ᵉ régiment, et à la bonne discipline qui y règne.

J'ai l'honneur d'être, avec respect,
Monseigneur,
de Votre Excellence,
Le très humble et très obéissant serviteur,

Le Maréchal Duc d'AUERSTAEDT.
Prince d'ECKMÜHL.

Cette lettre, datée du 25 janvier 1812, est tout à fait considérable; elle démontre de quels éléments le maréchal Davout, à force de volonté, avait su former ce merveilleux corps englouti hélas! dans les neiges de la Russie.

On sent vibrer le cœur paternel du chef à l'idée des souffrances inutiles imposées à ces cinquante pauvres soldats, livrés, presque sans vêtements, aux rigueurs de l'hiver.

Nous remarquerons encore avec quelle froideur respectueuse le prince d'Eckmühl écrit au ministre qui s'était fait son ennemi. L'art des nuances était pour ainsi dire instinctif chez le maréchal Davout.

Nous avons reçu dernièrement d'un écrivain distingué et d'un homme de cœur la communication suivante.

« En relisant, ces jours derniers, votre volume, j'ai rencontré la lettre de Mme la princesse d'Eckmühl, datée du 27 janvier 1813, en laquelle il est question d'une lettre apocryphe du Maréchal. J'ai pensé que vous ne possédiez peut-être pas cette pièce et qu'il vous serait agréable de l'avoir. Cette lettre est insérée au *Moniteur*, entre une lettre du prince Eugène et une lettre de Ney. Les trois lettres, si elles sont variées dans la forme, expriment les mêmes pensées.

Je me permettrai, au sujet de la lettre dictée à votre père, de n'être pas tout à fait de votre avis. Je ne crois pas que Napoléon ait fait insérer cette lettre pour amoindrir le Maréchal dans l'esprit public. Au contraire, c'est là, à mes yeux, un acte de justice involontairement rendu, sous la pression de la nécessité, à un grand citoyen injustement disgracié. Napoléon avait besoin de faire croire que la partie n'était pas perdue, que la Grande Armée n'était pas vaincue, que les Russes n'étaient que des fanfarons. De là, ces trois lettres; on les forge de toutes pièces, mais à qui les attribuer? Aux trois hommes qui pouvaient seuls encore influencer l'esprit public : à Eugène, à Davout, à Ney. Je les cite dans l'ordre de l'insertion de leurs lettres prétendues. Il peut se faire que je me trompe, mais en lisant ces lettres je me suis dit : « Le pauvre Maréchal était disgracié; mais la punition de l'Empereur était de se voir obligé de compter avec lui : le nom de Davout avait un grand poids dans l'opinion et pouvait ramener l'espérance. »

Je suis portée à adopter cette opinion, mais qu'il est difficile d'arriver sûrement à la vérité historique! Comment pourrait-on s'en étonner, quand il est parfois si impossible de se sentir convaincu du bon droit de sa propre pensée?

Voici cette pièce fabriquée par ordre de Napoléon pour les nécessités de sa politique.

LETTRE DU MARÉCHAL PRINCE D'ECKMÜHL AU MAJOR GÉNÉRAL.

Thorn, le 8 janvier 1813.

Monseigneur,

Je lis avec étonnement, dans les gazettes de Saint-Pétersbourg, que, dans la journée du 16 novembre, l'ennemi a fait 12,000 prisonniers sur mon corps d'armée, et qu'il a tellement éparpillé dans les bois voisins les restes de ce corps qu'il est entièrement détruit. Il serait difficile de pousser plus loin l'impudence et le mensonge, si toutes les relations russes depuis le commencement de la campagne et dans les campagnes précédentes, n'étaient déjà connues. Ne chantait-on pas des *Te Deum* à Pétersbourg, et n'y distribuait-on pas des cordons pour la bataille d'Austerlitz? Ne disaient-ils pas qu'ils avaient pris 100 pièces de canon à la bataille de la Moskowa, et ne chantaient-ils pas encore à cette occasion des *Te Deum* qui remplissaient d'allégresse l'Angleterre? Combien de difficultés n'ont-ils pas faites pour avouer la prise de Moscou?

Ne se sont-ils pas aussi proclamés vainqueurs à Malo-Iaroslavitz, où nous les avons poursuivis pendant l'espace de 40 verstes!

Le fait est que S. M., sachant que l'armée russe de Volhynie venait sur la Bérézina, fut obligée de partir de Smolensk malgré la rigueur de la saison. Par un mouvement subit de la température, le froid, qui n'était que de 6 degrés, fut porté à 20, et même un moment à 25, selon quelques-uns de nos officiers du génie qui avaient leur thermomètre. Tous nos attelages et notre train d'artillerie périrent, S. M. ne voulut plus engager de bataille avec l'ennemi, elle ne voulut plus même qu'on se laissât amuser par des affaires de détail, désirant gagner en toute hâte la Bérézina. Lorsque S. M. traversa Krasnoë, elle eut à rejeter en arrière l'ennemi qui s'était mis entre la garde et mon corps d'armée. Aussitôt que mon corps eut rejoint l'armée, S. M. continua sa marche, et mon corps dut suivre, sans s'amuser à soutenir une lutte dans laquelle l'ennemi avait sur nous l'avantage d'une artillerie et cavalerie nombreuses, manœuvrant sur des patins et sur des traineaux. Mais mon corps n'a pas rencontré l'ennemi qu'il ne l'ait battu. Il a fait des pertes très fortes par les fatigues, le froid, et cette fatalité qui a fait périr tous nos chevaux de cavalerie et d'artillerie. Une grande quantité de mes hommes s'est éparpillée pour chercher des refuges contre la rigueur du froid et beaucoup ont été pris. V. A. sait que je ne dissimule pas mes pertes ; elles sont sensibles, sans doute, et me navrent de douleur ; mais la gloire des armes de S. M. n'a pas été compromise un seul instant [1].

Signé : Le Maréchal Duc d'Auerstaedt,
Prince d'Eckmühl.

Non, ce n'était pas là le style du Maréchal et nous comprenons que le cœur de l'épouse ne s'y soit pas trompé.

Thorn, le 20 janvier 1813.

J'ai reçu votre lettre, mon cher Général, j'ai appris

---

1. *Moniteur Universel*, n° 27, mercredi 27 janvier 1813, p. 103, vol. 3.
Cette lettre n'a pas été écrite par le maréchal Davout. Voir dans le tome III du « Maréchal Davout » de Mme la Marquise de Blocqueville, p. 262, lettre de la princesse d'Eckmühl, du 27 janv. 1813 et p. 255, réponse du prince, le 15 février.

avec bien du plaisir votre rétablissement, mais je regrette, pour le bien du service de l'Empereur, que l'état actuel de votre santé ne vous permette pas de reprendre l'exercice de vos fonctions, et vous mette dans la nécessité de solliciter un congé de convalescence, mais sachant combien il vous est nécessaire, je me fais un devoir de le demander à S. A. I. le vice-roi.

En attendant que je l'aie obtenu, je vous autorise à vous rendre à Custrin, où je vous l'adresserai aussitôt qu'il me sera parvenu.

Votre dévouement à l'Empereur et votre caractère personnel vous ont acquis pour jamais, mon cher Général, toute mon estime et mon attachement. Ils me font vivement désirer que votre santé vous mette bientôt à même de rejoindre le 1er corps d'armée, où vous avez donné tant de preuves du bon esprit qui vous anime, et de votre attachement à vos Devoirs.

Amitié,
Le maréchal duc d'AUERSTAEDT,
prince D'ECKMÜHL.

A M. LE GÉNÉRAL BARON SAUNIER, GRAND PRÉVOT DU 1er CORPS.

Ce billet si calme, si bon et si fort, adressé le 20 janvier à un vaillant soldat, nous a semblé intéressant à opposer à la *fausse* lettre du 8 janvier 1813.

A M. LE GÉNÉRAL COMTE SÉBASTIANI

Luxembourg, 30 août 1813.

Monsieur le Général,

Les premières troupes du général Dumonceau, qui doit occuper Lunebourg, et garder l'Elbe, n'arrivant que

demain, je vous prie de retarder votre mouvement de
24 heures ; cela donnera le temps à ce général de reconnaître la position et d'établir les différents postes.

J'ai donné connaissance au général Dumonceau de
votre marche, afin qu'il puisse correspondre avec vous,
et si pendant votre séjour à Salzwedel l'ennemi faisait
quelque tentative de passage, il vous en informerait
et se concerterait avec vous sur le mouvement à faire
pour le jeter dans l'Elbe ; il correspondra avec vous du
moment de votre arrivée à Salzwedel, par Netzen, qui
sera dès lors occupé par un bataillon.

Recevez, Monsieur le général, l'assurance de ma haute
considération.

Le Maréchal duc d'AUERSTAËDT,
Prince d'ECKMÜHL.

Le catalogue de la vente analyse justement
ainsi ces deux pages : « Belle lettre militaire. Si
l'ennemi fait quelque tentative de passer l'Elbe,
il faudra le jeter dans le fleuve. »

Le Maréchal avait une si grande habitude de
vaincre qu'il ne met pas le succès en doute : c'est
encore la plus sûre façon de l'obtenir.

1815

MINISTÈRE DU MARÉCHAL

DÉPART DE L'EMPEREUR

ARMÉE DE LA LOIRE

Afin de donner une idée de l'écrasant travail auquel s'était astreint le ministre de la guerre, nous donnerons ici quelques pièces que nous croyons inédites ; puis encore copie de l'acte de soumission de l'armée de la Loire que commandait le Maréchal.

1re DIVISION.

Ministère de la guerre.

Paris, le 14 avril 1815.

Sire,

En suite des ordres de Votre Majesté, j'ai écrit au duc d'Albuféra de partir de Lyon et de se rendre dans les

9ᵉ et 10ᵉ divisions militaires, d'y passer la revue de toutes les troupes, d'ôter les officiers qui ne sont pas sûrs, de les remplacer par ceux en non-activité dans les départements et de revenir ensuite à Paris.

Le Ministre de la guerre,
Maréchal prince D'Eckmühl.

Avant de renvoyer cette lettre au maréchal Davout, l'Empereur, de sa quasi illisible écriture, traduite par quelqu'un de son entourage, avait écrit au dos : « Il faut qu'il fasse la même chose pour les États-Majors et les commandants de place. »

Paris, le 15 avril 1815.

N.

A exécuter, le Ministre,

Prince D'Eckmühl.

15 avril.

Puis au-dessous encore :

Écrit le 16 au duc D'Albuféra.

Ministère de la guerre.

3ᵉ DIVISION.

Bureau de la correspondance générale.

Paris, le 29 mai 1815.

Le général Durrieu verra au bureau de la guerre ce que signifient les 3 lettres patentes en blanc qui sont jointes ici et agira en conséquence. S'il arrivait que ces lettres patentes ne nous fussent données que pour rappeler aux commandants des places les devoirs qu'ils ont à remplir, on pourrait les leur retracer sans faire usage de ces pièces, qui seraient retournées au ministère.

Je m'en rapporte au général Durrieu sur ce qu'il conviendra de faire pour remplir dans cette conjecture les intentions du ministre. Il importe que cette affaire ne reste point en souffrance.

Le 13 mai 1815.

Classé
D.

Faire six copies de la patente et six copies de cette lettre et six lettres d'envoi pour demander un accusé de réception et prescrire de se conformer à toutes les instructions.

Général,

J'ai l'honneur de vous faire passer un exemplaire des lettres patentes impériales que j'ai adressées à l'officier général ou supérieur, qui, en qualité de gouverneur ou de commandant supérieur, ou de commandant d'armes, commande chacune des places de guerre mises en état de siège.

Il pourrait se faire que les patentes que j'ai expédiées ne fussent pas toutes parvenues à leur destination, soit parce qu'il y a eu mutation parmi les commandements des places, soit par tout autre motif.

Afin de réparer sur le champ toute espèce de retard qui aurait eu lieu à ce sujet, afin aussi de donner des instructions précises aux commandants des places qui n'ont pas encore été mises en état de siège, je vous invite à adresser à chacun des gouverneurs et commandants des places et des forts, compris dans l'étendue de votre commandement, des instructions détaillées, renfermant, entr'autres dispositions, toutes celles que prescrivent les lettres patentes ci-jointes.

Vous rappellerez fortement aux gouverneurs et commandants des places que l'honneur et leurs devoirs envers l'Empereur et la Patrie leur prescrivent de conserver à tout prix les places et les forts dont la défense leur est confiée.

Vous les chargerez de prendre, à la nouvelle des premières hostilités, tous les moyens pour augmenter leurs approvisionnements de bouche; ils frapperont des réquisitions dans les communes qui les environnent et feront rentrer des denrées de toute espèce dans leurs places pour porter au maximum fixé les approvisionnements de la place.

Faites-leur bien sentir l'importance de cette mesure, qui a le double avantage de donner des moyens de défense et d'enlever des ressources à l'ennemi.

Ils devront mettre la plus grande régularité dans ces opérations; nommeront une commission civile pour la réception et la garde de ces approvisionnements; des reçus bien en règle seront délivrés aux propriétaires, afin que le gouvernement les en fasse rembourser.

Ils feront bien connaître que ces remboursements sont garantis par le Gouvernement et l'honneur de la nation. Ils placeront les approvisionnements, ainsi que cela leur a été expressément et itérativement recommandé, dans les lieux le moins exposés à être incendiés par l'ennemi. Vous leur interdirez d'y toucher à moins d'une absolue nécessité, et ils n'en useront qu'avec la plus rigoureuse économie.

Les gouverneurs et commandants de places devront, à la réception de votre lettre, déclarer aux habitants qu'ils sont tenus de s'approvisionner au moins pour six mois, et leur en faire sentir la nécessité, puisqu'on serait obligé de faire sortir de la place tous ceux qui, à l'approche de l'ennemi, n'auraient pas complété leurs approvisionnements.

Dans l'état de siège, les gouverneurs et commandants ont la haute police dans les places; ils ont donc les moyens de sévir contre les malveillants.

Vous leur ordonnerez de renvoyer tous les individus qu'ils regarderaient comme dangereux.

Le décret du 24 décembre 1811, dont ils doivent bien se pénétrer, règle, d'une manière précise, toute l'étendue de leur autorité à cet égard.

Ne perdez aucune occasion de leur répéter qu'ils doivent conserver, à tout prix, la place ou le fort que l'Empereur leur a confié; qu'il est de leur devoir d'user de tous les moyens d'atteindre ce but, quelques rigoureux qu'ils puissent être; que tout acte de faiblesse est aussi répréhensible que la lâcheté puisqu'il produit les mêmes résultats; que l'emploi de toute mesure, de quelque nature qu'elle soit, qui tend à la conservation de la place, devient un devoir impérieux; enfin que toute considération doit céder devant ce grand intérêt.

Ajoutez à ces instructions tous les ordres que l'expérience peut vous suggérer, et toutes les autres dispositions que les localités peuvent rendre nécessaires.

Transmettez copie de ma lettre aux gouverneurs et

commandants, et prescrivez-leur de la lire à chaque réunion du conseil de défense, ainsi que les lettres patentes et les autres instructions que je leur ai adressées, ou que vous serez dans le cas de leur donner.

Recevez, Général, l'assurance de ma considération distinguée.

Le Maréchal, ministre de la guerre,
Prince D'ECKMÜHL.

A M. LE LIEUTENANT GÉNÉRAL COMTE LOBAU, COMMANDANT LE CORPS DE RÉSERVE DE L'ARMÉE DU NORD, A PARIS.

Ministère de la Guerre.   Paris, le 2 juin 1815.

C'est exécuté ce matin. — D. Général Durieu. Il faut faire partir *sur le champ* une autre Compagnie de vétérans pour Vincennes et faire coordonner cette disposition avec ce que j'ai précédemment prescrit sur le même sujet.
Le même jour : ci-joint le rapport du général Daumesnil.

Monsieur le général, je vous ai écrit, il y a plusieurs jours, d'envoyer deux ou au moins une compagnie de vétérans à Vincennes. Le général Daumesnil ne peut faire la police avec le peu de monde qu'il a ; hier, il a arrêté deux hommes qui s'étaient introduits dans le château et a trouvé un tas de paille enflammée près du magasin à poudre.

Je vous invite, Monsieur le général, à donner les ordres les plus précis pour que ce renfort de troupes parte aujourd'hui et soit ce soir ou demain matin à Vincennes.

Recevez, Monsieur le général, l'assurance de ma haute considération.

Le Ministre de la guerre,
M^{al} P^{ce} D'ECKMÜHL.

Ministère de la Guerre.

Monsieur le comte, je vous invite à faire toutes les démarches et à prendre les mesures nécessaires pour établir des hôpitaux à Paris jusqu'à la concurrence de 20,000 places.

Il faut laisser à l'artillerie les établissements qu'elle occupe comme magasins à poudre.

Il sera bon, cependant, de s'entendre avec elle, afin qu'elle s'apprête à céder tout ce qu'elle pourra en ne prenant que des locaux qui lui seront absolument indispensables.

Je vous invite à me faire un rapport que j'adresserai à l'Empereur pour lui donner connaissance des mesures prises.

Il faut, indépendamment, prendre des lignes d'évacuation, en prenant pour bases celles de l'année dernière, telles que Caen, Rouen, Tours, etc.

Il faut cependant ne rien commencer avant que j'aie reçu les ordres de l'Empereur.

Agréez, Monsieur le comte, l'assurance de ma haute considération.

Le Ministre de la guerre,
M^{al} P^{ce} d'ECKMÜHL.

A M. LE COMTE DARU, MINISTRE D'ÉTAT.

Paris, le 17 juin 1815.

Ministère de la Guerre.   Au quartier-général, à La Villette.

Monsieur le commandant, je vous préviens que je viens de donner l'ordre à la moitié des invalides volontaires (canoniers) de se rendre sur les hauteurs de Montmartre pour défendre la capitale. Vous voudrez bien prendre les mesures nécessaires pour utiliser ces braves soldats.

           Signé :
Le Ministre de la guerre,
           M^{al} P^{ce} D'ECKMÜHL.

Le 30 juin 1815.

P.-S. — Vous prendrez des mesures pour que des vivres leur soient distribués.

A M. LE COMMANDANT DE MONTMARTRE.

Une brochure, publiée en 1848, à Clermont-Ferrand, par le neveu du lieutenant général comte Beker, sur son ordre et sous ses yeux, m'a paru d'un si haut intérêt, que j'ai sollicité la permission de la faire copier.

Rien ne saurait mieux disculper le prince d'Eckmühl des injustes accusations dont il a été l'objet en 1815 que ces pages dictées par un homme tout dévoué à l'Empereur : la douceur de Napoléon étonne, puis on se prend à penser que cette douceur pouvait bien être l'indifférence que produit la lassitude.

Il y a des époques terribles, et l'Empereur, en 1815, ne savait plus aider ses amis ni s'aider lui-même! Quand on a lu les innombrables ordres du ministre de la guerre, datés d'avril et de mai, quand on a bondi sous le souffle de feu des paroles du prince d'Eckmühl, paroles destinées à réchauffer les courages, et que l'on retrouve, en juillet, le pauvre ministre, devenu commandant en chef des dernières forces de la France, réduit, afin de sauver l'indépendance du pays, à ordonner à son armée, toute frémissante, de se soumettre au Roi, on se demande avec épouvante comment un cœur en quatre mois peut supporter tant de douleurs et, sans se briser, voir tant d'efforts méconnus et perdus!

En vérité une telle abnégation, un tel patriotisme, un si héroïque sacrifice de ses sympathies, de sa popularité, de sa gloire peut-être, contraignent les plus insouciants à répéter cette belle parole du prince d'Eckmühl : « De tels hommes forcent l'estime de leurs ennemis mêmes! »

Mais laissons parler le général Beker.

MISSION

DU GÉNÉRAL COMTE BEKER

AUPRÈS DE L'EMPEREUR NAPOLÉON

DEPUIS LA SECONDE ABDICATION
JUSQU'AU PASSAGE A BORD DU « BELLÉROPHON ».

CLERMONT-FERRAND

1841

AVANT PROPOS

Cette Relation, écrite sous les yeux du lieutenant-général comte Beker, dans les derniers temps de sa vie, est l'expression de ses souvenirs; elle est appuyée sur ses notes et sur diverses pièces officielles relatives à sa mission auprès de l'Empereur.

Après son retour de Rochefort, le général n'envoya qu'un rapport succinct au Gouvernement. Cependant, la dernière période de la vie politique de Napoléon, présentant des particularités importantes pour l'histoire, exigeait des développements.

La position occupée par le comte Beker permettait de les donner, et c'est pour remplir ses intentions que ce récit est publié.

Le caractère de la mission dont le Général fut chargé, en 1815, ressort du simple exposé des faits que retrace cette narration.

M. B.

CHAPITRE PREMIER

21 juin 1815.

Le désastre de Waterloo venait de jeter la consternation dans Paris, livré aux sourdes agitations et à toutes les rumeurs qui suivent les grandes catastrophes.

La Chambre des représentants se réunit immédiatement sous la présidence du comte Lanjuinais, et la Chambre des pairs sous celle du prince archichancelier, pour entendre la communication des sinistres nouvelles parvenues au Gouvernement.

Les passions politiques, assoupies jusqu'alors, se réveillèrent dans toute leur exaltation, au moment où il aurait fallu les immoler dans un sentiment commun de haine contre l'étranger. Les deux assemblées se transmettaient réciproquement leurs délibérations.

Mais les grands débats se concentraient dans la Chambre des représentants, où les divers partis commençaient à laisser entrevoir leurs tendances secrètes.

Des groupes se formaient dans les bureaux; on y discutait avec véhémence les conséquences de ce terrible événement qui exposait, encore une fois, le pays à l'invasion étrangère.

Hors de l'enceinte grossissaient des attroupements menaçants : il fallut prendre une attitude capable d'imposer aux masses dont le patriotisme pouvait être facilement égaré. Le lieutenant-général comte Beker, membre de la Chambre des représentants, revêtu des fonctions de questeur, fut désigné par ses collègues pour commander la garde chargée de veiller à la sûreté du Corps législatif, et aussitôt il prit les mesures nécessaires pour faire respecter la Représentation nationale.

La veille, il avait reçu du ministre de la guerre un ordre qui l'appelait, au nom de Napoléon, à concourir, avec le général comte Grenier, à la défense de la capitale [1]. Ainsi, dans cet instant

---

1.   Paris, le 20 juin 1815.

LE MINISTRE DE LA GUERRE AU GÉNÉRAL BEKER

Général,

J'ai l'honneur de vous informer que, conformément aux intentions

où la patrie était en danger, le général Beker était investi à la fois de la confiance de l'Empereur et de celle de la Chambre.

Le 21 juin, depuis 4 heures du matin, Napoléon était arrivé au palais de l'Élysée. Paris l'inquiétait; il espérait, au moment de ses revers, ranimer par sa présence l'élan national et saisir une dictature indispensable dans ce grand péril.

Il oubliait que sa force était dans l'armée, dont il aurait pu rassembler les débris épars pour arrêter les progrès de l'ennemi et intimider les factions à l'intérieur.

Des préventions funestes accueillirent son retour dans la capitale, où son apparition excita le mécontentement et un découragement universel. Son premier soin fut de convoquer autour de lui les ministres, les grands dignitaires, afin de connaître leurs dispositions avant de se présenter aux Chambres, et d'arrêter de concert les mesures que réclamaient la défense du pays et la conservation de sa couronne. L'Empereur put bientôt se convaincre que le zèle de ses anciens conseil-

---

de l'Empereur, vous êtes mis à la disposition de M. le lieutenant-général comte Grenier, pour être employé, sous ses ordres, à la défense de Paris.

Vous voudrez bien vous rendre sur-le-champ auprès de cet officier général. Je lui adresse vos lettres de service.

Signé : le Ministre de la guerre.
Prince d'ECKMÜHL.

lers s'était singulièrement refroidi depuis ses défaites, et que quelques dévouements avaient faibli autour de sa personne.

Dans cet intervalle, des scènes tumultueuses éclataient dans la Chambre des représentants, où Lafayette faisait proclamer traître à la patrie quiconque se rendrait coupable d'une tentative ayant pour but de la dissoudre. C'était une première atteinte portée par les élus de la nation à l'autorité chancelante de l'Empereur.

Néanmoins Napoléon voulut tenter une démarche auprès du Corps législatif; il y envoya une députation de ses ministres, et leur adjoignit son frère Lucien, dont le courage et le sang-froid, au milieu des orages parlementaires, lui avaient été d'un si grand secours au dix-huit brumaire.

Mais c'est en vain que Lucien, Caulaincourt, Davout tracent avec chaleur le sombre tableau des dangers dans lesquels Waterloo vient de précipiter la France; c'est en vain qu'ils font sentir l'impérieuse nécessité d'un bras assez puissant pour réunir en un seul faisceau les efforts divisés, et qu'ils énumèrent les immenses ressources qui restent encore disponibles; plusieurs voix murmurent le mot d'abdication.

La Chambre, en proie à mille tiraillements, flotte indécise et finit par arrêter qu'une commission, formée de députés choisis dans son sein et parmi les pairs, devra assister les ministres pour aviser aux moyens de salut. Ce conseil se réunit immédiatement, et dans ses délibérations, qui se prolongent fort avant dans la nuit, la question de l'abdication est nettement posée.

22 au 25 juin.

Napoléon, surpris par les résistances qui surgissaient de toutes parts, vit avec douleur ses intentions patriotiques méconnues. Lui, qui naguère avait été porté en triomphe aux Tuileries, n'osait plus faire aucun appel aux masses, malgré les cris d'enthousiasme qui, parfois encore, se faisaient entendre, et se résignait à une abdication qui lui semblait être le vœu général. Il assembla de nouveau son conseil dont les membres parurent eux-mêmes pencher vers l'opportunité d'une pareille mesure, si elle était prise spontanément; persuadés, disaient-ils, que ce grand acte de patriotisme faciliterait la conclusion de la paix générale à laquelle Sa Majesté ferait obstacle tant qu'elle n'aurait pas déposé le sceptre. Alors Napoléon annonça l'intention d'abdiquer, à condition que, suivant les constitutions de l'Empire, la couronne serait transmise à son fils, et, séance tenante, il dicta une adresse au peuple français :
« Je m'offre en sacrifice à la haine des ennemis de la France... Ma vie politique est terminée; je pro-

clame mon fils, sous le titre de Napoléon II, Empereur des Français. »

Depuis le matin, la nécessité de la renonciation de l'Empereur au trône était l'objet des débats de la Chambre des représentants, lorsque les ministres vinrent apporter l'acte d'abdication. Le duc d'Otrante qui, par d'habiles manœuvres, avait su se créer une influence mystérieuse dans le Corps législatif, fit aussitôt décréter qu'il serait nommé une commission provisoire de gouvernement, dont trois membres seraient pris dans la Chambre des représentants, et deux autres dans la Chambre des pairs.

La déclaration de Napoléon fut acceptée par les deux assemblées; et, comme dernier hommage, une députation alla le remercier du grand sacrifice qu'il venait de faire à la France.

Jusqu'alors la question d'hérédité semblait résolue; cependant les luttes les plus véhémentes allaient s'engager sur ce nouveau terrain. Plusieurs drapeaux s'agitaient dans la Chambre élective; les partis divers ne craignaient plus de demander le triomphe de leur cause.

Les Royalistes étaient nombreux et actifs; les Orléanistes étaient prêts à saisir la couronne en faveur du duc d'Orléans, que toute sa vie politique leur présentait comme le prince le plus digne, le plus capable de rallier les esprits et de terminer la révolution; quelques sympathies enfin se manifestaient pour la République. Mais la majorité des votes était bien acquise à Napoléon II.

Les discours de Béranger, de Boulay (de la Meurthe) et de plusieurs autres députés avaient enlevé les suffrages et l'avaient fait proclamer Empereur des Français, en renonçant aux qualifications pompeuses de Roi d'Italie, de protecteur de la Confédération germanique, etc. A la suite de cette reconnaissance, qui avait excité tant de tumulte dans le Palais législatif, et qui n'avait pas été explicite au Luxembourg, malgré les paroles chaleureuses de quelques Pairs, on pourvut à la composition du gouvernement provisoire. Le duc d'Otrante, le général comte Grenier, le général Carnot, le duc de Vicence et le baron Quinette furent investis du pouvoir suprême pendant l'interrègne; le mot de régence était écarté; la commission, présidée par Fouché, rendait tous ses actes au nom du peuple français. Des commissaires, pris dans le sein des assemblées législatives, furent immédiatement envoyés auprès des souverains étrangers pour les informer officiellement des résolutions adoptées, et pour solliciter la reconnaissance de Napoléon II. Si le nouvel Empereur était reconnu, Napoléon annonçait l'intention de passer aux États-Unis et d'abandonner à jamais le théâtre des grands événements qui, depuis vingt-cinq ans, avaient ébranlé l'Europe.

Le nouveau gouvernement était impatient d'éloigner de Paris l'homme dont le nom pouvait encore servir de ralliement à l'enthousiasme mal éteint. Le duc d'Otrante lui faisait insinuer qu'il était de son devoir, qu'il y allait de sa gloire et des intérêts de son fils, de quitter Paris.

L'Empereur, cédant à ces suggestions, voulut compléter son sacrifice; il demanda au gouvernement deux frégates pour se rendre en Amérique, et se retira, le même jour, à la Malmaison, pour y attendre le résultat de cette proposition.

Dans cette circonstance, lorsque, pour donner la paix à la France, Napoléon était descendu du trône, la dignité d'une grande nation, l'éclat qu'il avait jeté sur elle pendant son règne, le soin des intérêts du pays, tout imposait aux membres du gouvernement provisoire l'obligation de ne pas délaisser leur ancien souverain dans un château sans défense, où quelques journées pouvaient amener l'ennemi.

La commission exécutive dut s'empresser de pourvoir à la sûreté de l'Empereur et dut appeler au commandement de sa garde un homme dont le rang, la position et les antécédents pussent garantir aux Chambres qu'une mission aussi importante serait dignement remplie. Son choix se fixa sur le lieutenant-général comte Beker. Sa qualité de Représentant, ses longs services aux armées, sa fermeté de caractère bien connue, tels furent, ainsi que le constatent les pièces officielles, ses titres à cette haute confiance.

Les membres du gouvernement savaient que la loyauté du général ne transigerait avec aucun parti, que, si son dévouement était mis à l'épreuve, il n'hésiterait pas à sacrifier sa vie pour assurer celle de l'Empereur. D'ailleurs, après le dernier acte de déférence de Napoléon à des déclarations qui lui semblaient exprimer le vœu de la France, le comte Beker aurait cru manquer de patriotisme en refusant une mission délicate que l'effervescence des populations, dont l'affection ou la haine étaient également à craindre, pouvait rendre périlleuse.

CHAPITRE II

Le général Beker était en séance, au Palais législatif, lorsqu'un aide-de-camp du maréchal prince d'Eckmühl, ministre de la guerre, vint lui remettre l'ordre suivant :

LE MINISTRE DE LA GUERRE AU GÉNÉRAL BEKER.

Paris, 25 juin 1815.

Général,

J'ai l'honneur de vous annoncer que vous avez été nommé au commandement de la garde de l'Empereur, casernée à Ruel, par arrêté de la commission du Gouvernement en date du 25 de ce mois.

J'informe de votre nomination M. le lieutenant-général comte Drouot, qui commande en chef la garde impériale, et M. le lieutenant-général baron Dériot, qui en est le chef d'état-major.

Recevez, Général. . . . . .

Pour le Ministre de la guerre et par son ordre :
Le Conseiller d'État, secrétaire-général :
Bⁿ MARCHAND.

Le prince d'Eckmühl invitait en même temps le comte Beker à se rendre au ministère pour y recevoir ses instructions. Arrivé dans le cabinet du maréchal, le général lui exprima son étonnement d'avoir été désigné pour un poste qui semblait incompatible avec la Chambre des représentants. « Il y avait, d'ailleurs, ajouta-t-il, une foule d'officiers généraux de retour de l'armée dont la présence serait peut-être plus agréable à Sa Majesté, puisqu'ils venaient de défendre sa cause sur le dernier champ de bataille. — Je ne puis rien changer aux dispositions prises par le Gouvernement, répondit le ministre ; il a compté sur votre fidélité, sur votre patriotisme dans cette pénible conjoncture où il s'agit de protéger les jours de Napoléon. Voici l'ordre que je suis chargé de vous transmettre ; vous y lirez la haute opinion que le Gouvernement a de votre caractère ; conformez-vous-y, vous verrez ce qu'en dira l'Empereur. »

LE MINISTRE DE LA GUERRE AU GÉNÉRAL BEKER

Paris, 25 juin 1815 (4 heures du soir).

Monsieur le général,

J'ai l'honneur de vous prévenir que la commission du Gouvernement vous a nommé pour aller commander la garde de l'Empereur, à la Malmaison. L'honneur de la France commande de veiller à la conservation de sa personne et au respect qui lui est dû. L'intérêt de la patrie exige qu'on empêche les malveillants de se servir de son nom pour exciter des troubles.

Monsieur le général, votre caractère connu est une garantie pour le Gouvernement et pour la France que vous remplirez ce double but.

Je vous invite à vous rendre de suite à la Malmaison, à vous faire reconnaître par la garde et à prendre toutes les dispositions pour remplir ce double objet.

Le Maréchal, ministre de la guerre,
Prince d'Eckmühl.

Cette lettre détermine le sens dans lequel étaient conçues les premières instructions.

Le ministre, affectueux pour le général qu'il avait honoré de son amitié dans les campagnes de Prusse et de Pologne, lui laissa une entière latitude pour s'opposer à toute surprise qui pourrait être tentée sur la personne de Napoléon. Engagé dans une grave responsabilité, ne pouvant modifier les vues politiques du Gouvernement provisoire, le comte Beker sortit de l'hôtel du prince d'Eckmühl, et prit tristement la route de la Malmaison. Il laissait la capitale dans un état de trouble et d'anxiété.

Paris était agité à la fois par les fédérés qui demandaient des armes, dans le but apparent de maintenir l'Empereur à la tête de l'État, et par les royalistes qui agissaient déjà ostensiblement en faveur des Bourbons. L'intrigue et la cabale conspiraient à tous les étages ; mais une torpeur générale avait engourdi toutes les classes. Napoléon déchu, le Gouvernement perdait son unité et sa force.

Préoccupé de ces graves événements, le général arriva, le 25 juin, au soir, à la Malmaison. Il se fit reconnaître par la garde; un officier de service l'annonça à Sa Majesté, qui le reçut aussitôt dans son cabinet et s'empressa de lui demander le motif de sa présence. Le général s'inclina, et, en lui présentant la lettre du Ministre de la guerre, il lui dit : « Sire, voici un ordre qui
« me charge, au nom du Gouvernement provisoire,
« du commandement de votre garde, pour veiller
« à la sûreté de votre personne. » — « On
« aurait dû, répondit l'Empereur, m'informer
« officiellement d'un acte que je regarde comme
« une affaire de forme, et non comme une
« mesure de surveillance à laquelle il était inutile
« de m'assujettir, puisque je n'ai pas l'intention
« d'enfreindre mes engagements. »

L'attitude du général Beker devant la personne de Napoléon trahit les sentiments pénibles qui l'agitaient en cet instant, et d'une voix émue il ajouta aussitôt :

« Sire, c'est dans le but unique de protéger

« vos jours, de veiller à votre sûreté que j'ai
« accepté cette mission; si elle ne devait pas
« obtenir l'assentiment et l'entière approbation
« de Votre Majesté, je me retirerais à l'instant
« même. » En ce moment, le général ne put
maîtriser son émotion, des larmes lui vinrent aux
yeux. Touché des marques d'une sympathie si
profonde, l'Empereur s'empressa de lui adresser,
avec beaucoup de douceur, ces paroles bienveil-
lantes : « Rassurez-vous, général, je suis bien
« aise de vous voir près de moi; si l'on m'avait
« laissé le choix d'un officier, je vous aurais
« désigné de préférence, puisque je connais depuis
« longtemps votre loyauté. »

Napoléon engagea ensuite le comte Beker à le
suivre dans le parc. A peine sorti du vestibule, il
lui demanda « ce qu'on faisait et ce qu'on disait à
« Paris. Le général répondit que les partis qui
« s'étaient formés raisonnaient diversement de
« son abdication et de la proclamation de son fils
« comme héritier de la couronne; qu'une fraction
« de la haute société se disposait à recevoir une
« seconde fois les étrangers, mais que les débris
« de l'armée étaient restés fidèles sous les murs de
« la capitale; qu'une grande partie de la bour-
« geoisie et tout le peuple parisien paraissaient
« déterminés à le défendre; que, si une main puis-
« sante pouvait rallier tous ces éléments et faire

« un dernier effort pour maintenir sa dynastie à
« la tête de la nation, rien n'était désespéré. »

Ce bulletin de l'état moral de Paris semblait vivement intéresser l'Empereur, qui prolongea la conversation sur le même sujet. La promenade dans le parc de la Malmaison dura près de deux heures, pendant lesquelles Napoléon « cherchait à
« justifier l'abandon qu'il venait de faire de son
« armée, après la défaite de Waterloo, en donnant
« pour raison que cette bataille avait été perdue,
« parce que », disait-il, « à commencer par moi,
« personne n'avait fait son devoir (ce sont ses
« propres expressions). Si, dans cette journée »,
ajouta-t-il, « les manœuvres avaient été exécutées
« comme à Marengo, la bataille était gagnée, et la
« France était encore un fois sauvée par les effets
« que cette victoire aurait produits sur l'esprit de
« la coalition et notamment en Angleterre. »

Le général Beker prit la liberté de lui faire observer que « les conséquences de cette bataille
« n'avaient été bien senties qu'après le départ de
« Sa Majesté de l'armée, tandis qu'en restant à sa
« tête, Elle pouvait encore la rallier dans la direc-
« tion de Laon ou de Soissons, et rappeler à Elle
« tout ce qu'il y avait de disponible à Paris et aux
« environs. C'eût été, non dans l'espoir de se
« rendre maître des événements de la guerre, les
« forces étant beaucoup trop inférieures à celles

« de l'ennemi, mais parce qu'il y a toujours plus
« d'avantage à négocier les armes à la main.
« D'ailleurs, les dispositions de la Russie et de
« l'Autriche, moins hostiles que celles de la Prusse
« et de l'Angleterre, enfin les rivalités d'intérêt
« qui divisent ces puissances, auraient sans doute
« servi la cause de Votre Majesté.

« — J'espérais, répliqua l'Empereur, trouver
« plus d'énergie dans les deux Chambres, et relever
« par ma présence le courage de la nation; mais
« je m'aperçois que tout est usé, démoralisé, qu'il
« n'y a plus à compter sur un peuple que la perte
« d'une bataille met à la discrétion de l'ennemi. »

Le général répondit à cette explosion de mécontentement que « les Chambres avaient secondé
« les premiers efforts du Gouvernement impérial
« par tous les moyens dont elles pouvaient dispo-
« ser; que la France, après avoir fait d'immenses
« sacrifices en hommes et en subsides, devait
« espérer un résultat différent de celui qui por-
« tait atteinte à sa gloire et menaçait sa nationa-
« lité. — Vous ne connaissez pas, reprit Napo-
« léon, les ressorts et les détails de cette grande
« affaire; j'ai été contrarié, trompé en arrivant.

« Je n'ai pas voulu profiter de l'enthousiasme
« qui m'a accueilli à mon retour de l'île d'Elbe,
« pour nationaliser la guerre, parce que j'ai tou-
« jours eu les guerres civiles en aversion. »

« Cette considération, lui dit le général Beker,
« justifie sans doute les actes les plus notables de
« votre gouvernement, mais n'explique pas votre re-
« tour à Paris ; car le prestige qui environne le sou-
« verain à la tête de son armée disparaît, quand il
« se présente sans gardes devant une assemblée
« nationale disposée à voir en lui l'auteur des dé-
« sastres qui attirent l'ennemi pour la seconde fois
« dans la capitale. Si la campagne n'était plus tena-
« ble, Votre Majesté pouvait se retirer à Metz ou à
« Strasbourg, avec l'élite de sa garde. Ces deux
« places pouvaient se défendre pendant plusieurs
« mois ; dans l'intervalle, on aurait négocié avec
« les Empereurs de Russie et d'Autriche.

« En abdiquant en faveur de votre fils, en
« s'abandonnant à leur magnanimité, vous aviez au
« moins trois mois de sécurité, pendant lesquels
« l'attitude des Français, les efforts de l'armée et
« de nouveaux incidents auraient probablement
« changé la face des affaires ; et Votre Majesté
« aurait singulièrement embarrassé son beau-père,
« si, en faisant abnégation d'elle-même pour sau-
« ver nos institutions, elle se fût mise à sa dis-
« crétion. »

À peine eut-il prononcé ce dernier mot d'un
avis qu'il croyait compatible avec sa position et
avec les intérêts de la France, que l'Empereur,
effleurant familièrement de la main la joue du

général, ajouta en riant : « Vous ne connaissez
« pas ces gens-là. »

Telle fut la réponse qu'obtinrent ces observations, qui parurent néanmoins avoir fixé l'attention de Napoléon. Car le lendemain matin, dans le parc, il revint sur les idées émises la veille, par ces mots : « Vous croyez donc, général, que
« j'aurais mieux fait de me réfugier à Metz ou à
« Strasbourg que de venir à Paris ? — Oui, Sire,
« répondit le comte Beker, puisque Votre Majesté
« reprend la conversation au même point où nous
« l'avions laissée hier, il paraît que mon avis a
« germé dans son esprit, et qu'il eût été bon de
« le suivre. En prenant ce parti, vous gagniez du
« temps, vous suspendiez le sort de la France par
« votre présence et par vos négociations, et votre
« position n'aurait jamais été plus fâcheuse qu'elle
« ne l'est devenue, tant pour Votre Majesté qui
« se condamne à l'exil, que pour nous qui allons
« subir le joug de l'étranger, avec toutes les
« horreurs d'une guerre civile, si l'on veut nous
« ramener à l'ancien régime. »

Quoique cette conversation embrassât le présent et l'avenir, l'Empereur semblait bien moins que son interlocuteur affecté de sa position. Il parut un instant avoir oublié son empire, pour ne songer qu'aux moyens de passer en Amérique; car il termina ce dialogue par ces mots : « J'ai

« demandé deux frégates avec des passe-ports
« pour me rendre aux États-Unis. Encore faut-il
« que je puisse y arriver sans tomber au pouvoir
« de mes ennemis. Si on accède à ma demande,
« je renonce aux affaires publiques, et je pars
« immédiatement pour cette destination. »

Les principaux traits de cet entretien si remarquable furent relatés dans la dépêche du 26 juin adressée par le général Beker au prince d'Eckmühl.

DÉPÊCHE DU GÉNÉRAL BEKER AU MINISTRE DE LA GUERRE.

A la Malmaison, le 26 juin 1815.

Monseigneur,

D'après les ordres de Votre Altesse, je me suis rendu hier soir à la Malmaison pour y prendre le commandement de la garde de l'Empereur. Sa Majesté, sans paraître étonnée de l'objet de ma mission, m'a seulement fait observer *qu'on aurait dû l'informer officiellement de cette disposition, attendu qu'elle la regardait comme une affaire de forme, et non comme une mesure de surveillance, à laquelle il était inutile de l'assujettir, puisqu'elle n'avait pas l'intention d'enfreindre ses engagements.*

Après m'avoir questionné sur la marche du Gouvernement provisoire, sur les dispositions des deux Chambres et sur l'esprit de la capitale, Napoléon répliqua à mes réponses, opposées à ses espérances : *Qu'on me donne les deux frégates que j'ai demandées, et je pars à l'instant pour Rochefort; encore faut-il que je puisse* me rendre convenablement à ma destination, sans tomber au pouvoir de mes ennemis.

J'ai remarqué, dans la longue conversation que j'ai eue avec lui, qu'il appréhende les prétentions de l'ennemi sur sa personne. C'est pourquoi il lui tarde de sortir de France, afin d'échapper à cette catastrophe, *dont l'odieux*, m'a-t-il dit, *retomberait sur la nation*.

Mon installation n'a pas souffert la moindre difficulté. Il n'y a ici que trois cents hommes de la garde impériale, tout compris. Je prie Votre Altesse de me transmettre les ordres du Gouvernement sur ma conduite ultérieure, quand l'Empereur partira.

Le Lieutenant général,
Comte BEKER.

Après avoir prononcé, dans le parc, les paroles qui annonçaient sa résignation à un exil volontaire, Napoléon, suivi du général, rentra dans les appartements, où beaucoup d'anciens serviteurs l'attendaient, les uns pour lui rendre un dernier hommage, d'autres pour protester de leur dévouement inaltérable à sa personne, en le conjurant de ne pas abandonner l'armée, qui le réclamait avec chaleur; quelques-uns même ne rougirent pas de solliciter des secours, des récompenses, lorsqu'il n'était plus en son pouvoir d'en accorder.

Ces mouvements avaient duré toute la nuit du 25 au 26, quoique l'Empereur ne fût plus accessible jusqu'au lendemain matin. Les allées et les venues se prolongèrent pendant cette journée. C'étaient des enquêtes perpétuelles sur les résolutions prises par Sa Majesté, ou qu'elle prendrait, d'après les différents rapports qui arrivaient sans cesse sur l'état des affaires. La tâche imposée au dévouement du général Beker n'était pas facile.

Il lui fallait veiller, observer, se tenir en garde contre toutes les tentatives qui pouvaient compromettre la sûreté de l'Empereur, ou favoriser son enlèvement de la Malmaison. Quelques officiers avaient agité la question de le rendre malgré lui-même à l'armée, impatiente de lui voir défendre la cause qu'elle avait embrassée avec tant d'ardeur, pendant les trois mois où il avait gouverné la France.

Napoléon connaissait les démonstrations de ses troupes, et l'influence de son nom sur leur esprit. Il était également informé des dispositions du Gouvernement provisoire et des manœuvres des royalistes. Mais, soit par respect pour ses engagements, ou par conviction de l'inutilité de la lutte, soit par faiblesse dans une circonstance qui exigeait de l'énergie et surtout une prompte résolution, il ne voulut rien entreprendre sans l'assentiment de la Commission exécutive à laquelle il fit, tant par l'organe du comte Beker que par d'autres voies, diverses propositions.

Ces démarches restèrent sans effet, parce que
la Commission, les deux Chambres et la capitale, séduites par les proclamations des étrangers
annonçant qu'ils ne faisaient la guerre qu'à Napoléon, se flattaient qu'une heureuse transition du
gouvernement de Bonaparte à celui des Bourbons accomplirait les destinées de la France, et
replacerait l'État dans la position où il était avant
le retour de l'île d'Elbe. Les promesses fallacieu-
ses des souverains alliés avaient favorisé leur
marche à travers nos provinces, plus que le
succès de leurs armes.

L'Empereur, à son arrivée à la Malmaison, avait
été reçu par la princesse Hortense et ses enfants.

Tout, dans ce séjour, devait lui retracer le souvenir des jours prospères qu'il y avait passés avec
Joséphine. La reine de Hollande l'entourait constamment de sa tendresse filiale; son dévouement
pour l'Empereur était sans bornes.

Napoléon dînait seul, et dans ces tristes circonstances qui ne permettaient plus ni faste, ni
représentation, le général Beker avait l'honneur
d'être admis à la table de famille de la princesse.

La préoccupation dans laquelle les sombres
événements, dont le dénouement approchait à
grands pas, avaient jeté les habitants du château,
imposait silence aux questions et aux entretiens.

Néanmoins la reine épanchait souvent sa dou

leur auprès du comte Beker; dans un de ces moments d'intimité dont elle l'honorait, elle lui confia qu'elle avait remis à Napoléon tous ses diamants, comme ressource extrême, dans ces temps critiques.

Tel était, à la Malmaison, durant ces journées déchirantes, le spectacle auquel avait été associé le général Beker.

Les difficultés de sa mission croissaient à chaque instant. Dans le principe, elle n'avait pour objet que de veiller à la sûreté de l'Empereur ; mais, dès le 26, le Gouvernement avait jugé son éloignement nécessaire au succès des négociations entamées près des puissances.

Le comte Beker fut rappelé à Paris pour prendre connaissance des modifications que ses premières instructions allaient subir. Il descendit à l'hôtel du prince d'Eckmühl; le ministre lui donna aussitôt communication de l'arrêté du Gouvernement provisoire, qui lui enjoignait d'accompagner Napoléon Bonaparte à l'île d'Aix et de rester auprès de sa personne jusqu'à l'arrivée des passeports demandés à l'Angleterre. Il y était dit en outre que deux frégates seraient mises à sa disposition pour le transporter en Amérique.

EXTRAIT DES MINUTES DE LA SECRÉTAIRERIE D'ÉTAT

Arrêté du Gouvernement provisoire.

Paris, le 27 juin 1815.

La Commission du Gouvernement arrête ce qui suit :

ART. 1er.

Le ministre de la marine donnera des ordres pour que deux frégates du port de Rochefort soient armées pour transporter Napoléon Bonaparte aux États-Unis.

ART. 2.

Il lui sera fourni, jusqu'au point de l'embarquement, s'il le désire, une escorte suffisante sous les ordres du lieutenant-général Beker, qui est chargé de pourvoir à sa sûreté.

ART. 3.

Le directeur général des postes donnera de son côté tous les ordres relatifs au service des relais.

ART. 4.

Le ministre de la marine donnera les ordres nécessaires pour assurer le retour immédiat des frégates aussitôt après le débarquement.

ART. 5.

Les frégates ne quitteront pas la rade de Rochefort avant que les saufs-conduits demandés ne soient arrivés.

ART. 6.

Les ministres de la marine, de la guerre et des finances sont chargés, chacun en ce qui le concerne, de l'exécution du présent arrêté.

Signé : Le duc d'Otrante, comte Grenier, Quinette, Caulaincourt, duc de Vicence, Carnot.

Par la Commission du Gouvernement :

Le secrétaire adjoint au ministre, secrétaire d'état,

Signé : T. Berlier.

Son Excellence, devant joindre à la copie de ces pièces ses propres instructions, traça rapidement, sous les yeux du général, sur une simple feuille sans en-tête imprimé, une lettre qu'il écrivit toute entière de sa main, et qui était conçue dans les termes suivants :

LE MINISTRE DE LA GUERRE AU GÉNÉRAL BEKER

Paris, 26 juin 1815.

Monsieur le Général,

Je vous transmets copie d'un arrêté de la Commission du Gouvernement qui vous charge d'accompagner l'Empereur Napoléon.

Votre caractère connu est une garantie que vous aurez et que vous ferez rendre à ce prince les égards et le respect que l'on doit au malheur, et à un homme qui a gouverné pendant plusieurs années notre nation. L'honneur de la France est intéressé à sa sûreté.

Ainsi vous trouverez dans chaque autorité civile et militaire, dans l'âme de chaque citoyen, les secours que vous pourrez être dans le cas de réclamer pour la sûreté de sa personne.

Il vous sera suffisant de montrer l'arrêté de la Commission du Gouvernement ; je ne vous donne pas d'autres instructions.

Le Maréchal, ministre de la guerre,
Prince D'Eckmühl.

Le général s'empressa de communiquer ces dépêches à l'Empereur, qui ne songea pas néanmoins à effectuer son départ. Chaque heure lui apportait des avis différents sur la marche des événements ; il se flattait toujours de quelque heureuse diversion.

A mesure que se discutait la question d'un exil, à mesure que s'évanouissaient les chances favorables, les restes de la Cour impériale se dispersaient rapidement. Dans les rangs éclaircis, on distinguait toujours l'honorable Grand Maréchal comte Bertrand, qui continuait à donner toutes les preuves d'une noble fidélité par les soins qu'il consacrait à la personne et aux derniers intérêts de l'Empereur.

27 juin.

Cet état d'incertitude se prolongeait, lorsque, le 27, le général Beker fut mandé à la Commission du Gouvernement. Il recevait en même temps les trois dépêches suivantes : les deux premières prescrivaient les mesures dont le Gouvernement chargeait, dans cette circonstance, le ministre de la marine et lui ; la troisième en ordonnait la notification à l'Empereur.

LE MINISTRE DE LA GUERRE AU GÉNÉRAL BEKER

Paris, 27 juin 1815.

Monsieur le Général,

J'ai l'honneur de vous donner copie de la lettre que la Commission du Gouvernement a écrite au ministre de la guerre, relativement à l'Empereur Napoléon.

La lecture de cette lettre vous fera sentir, Monsieur le général, qu'il est de la plus haute importance pour le bien de l'Etat et la sûreté personnelle de Sa Majesté que vous ne vous sépariez pas de sa personne tant qu'elle restera en rade de l'île d'Aix, ce qui devra durer jusqu'à l'arrivée des passe-ports.

Le Maréchal, ministre de la guerre,
Prince d'Eckmühl.

Paris, le 27 juin 1815.

LE PRÉSIDENT DE LA COMMISSION DU GOUVERNEMENT AU MINISTRE DE LA MARINE.

Monsieur le Duc,

La Commission vous rappelle les instructions qu'elle vous a transmises il y a une heure. Il faut faire exécuter l'arrêté tel que la Commission l'avait pris hier et d'après lequel Napoléon Bonaparte restera en rade de l'île d'Aix jusqu'à l'arrivée des passe-ports. Il importe pour le bien de l'État, qui ne saurait lui être indifférent, qu'il y reste jusqu'à ce que son sort et celui de sa famille aient été réglés d'une façon définitive. Tous les moyens seront employés pour que cette négociation tourne à sa satisfaction.

L'honneur français y est intéressé; mais en attendant on doit prendre toutes les précautions pour la sûreté personnelle de Napoléon et pour qu'il ne quitte point le séjour qui lui est momentanément assigné.

Signé : Le duc d'Otrante.

Pour copie :

Prince d'Eckmühl.

AUTRE DÉPÊCHE DU MINISTRE DE LA GUERRE AU GÉNÉRAL BEKER.

Paris, 27 juin 1815.

Monsieur le Général,

J'ai l'honneur de vous transmettre ci-joint un arrêté[1] que la Commission du gouvernement vous charge de notifier à l'Empereur Napoléon, en faisant observer à Sa Majesté que les circonstances sont devenues tellement impérieuses qu'il devient indispensable qu'elle se décide à partir pour se rendre à l'île d'Aix. Cet arrêté est pris autant pour la sûreté de sa personne que dans l'intérêt de l'État, qui doit toujours lui être cher. Si l'Empereur ne prenait point une résolution à la notification que vous lui ferez de cet arrêté, vous exercerez la plus active surveillance, soit pour que Sa Majesté ne puisse sortir de la Malmaison, soit pour

---

1. Cet arrêté dont il est fait mention est le même que celui du 26 juin.

prévenir toute tentative contre sa personne. Vous feriez alors garder toutes les avenues qui aboutissent de tous les côtés vers la Malmaison. J'écris au premier inspecteur général de la gendarmerie et au commandant de la place de Paris de mettre à votre disposition la gendarmerie et les troupes que vous pourriez lui demander.

Je vous réitère, Monsieur le général, que cet arrêté a été entièrement pris pour l'intérêt de l'État et la sûreté personnelle de l'Empereur ; sa prompte exécution est indispensable. Le sort futur de Sa Majesté et de sa famille en dépend. Je n'ai pas besoin de vous dire, Monsieur le général, que toutes ces mesures doivent être prises dans le plus grand secret possible.

Le Maréchal, ministre de la guerre,

Prince D'ECKMÜHL.

Pour se conformer au message qui venait de lui être transmis avec ces dépêches, le comte Beker se rendit de nouveau à Paris. Introduit dans le cabinet du comte Berlier, secrétaire adjoint au ministre secrétaire d'État, il apprit que la Commission lui intimait l'ordre de partir le soir même incognito avec l'Empereur, et de l'accompagner à Rochefort. En même temps, le comte Berlier lui remit un passe-port par lequel la Commission exécutive autorisait le général Beker à se diriger vers cette ville, suivi de son secrétaire et d'un domestique. Ce secrétaire devait être l'Empereur.

Le Gouvernement, dit le comte Berlier, *a trop*

à cœur le salut de Napoléon pour n'avoir pas songé à tous les moyens propres à favoriser son départ; il a pensé que dans son voyage un strict incognito, sous votre nom et sous votre protection, serait le moyen le plus simple de le faire arriver sans danger à sa destination.

Ce document est trop précieux pour l'histoire pour ne pas trouver ici sa place.

La Commission du gouvernement ordonne à tous les officiers civils et militaires de laisser passer librement Monsieur le comte Beker, lieutenant-général, député à la Chambre des représentants, se rendant à Rochefort, accompagné de son secrétaire et d'un domestique; leur enjoint expressément de ne pas souffrir qu'il soit apporté aucun obstacle, ni mis aucun retard à la marche de Monsieur le comte Beker, et de lui prêter au contraire, en cas de besoin, aide et assistance.

Fait à Paris, le vingt-six du mois de juin de l'an dix-huit-cent-quinze.

Le secrétaire-adjoint au ministre, secrétaire d'État.

T. BERLIER.

Au bas de ce passe-port, entièrement tracé à la main, était imprimé en cire rouge le cachet du ministre secrétaire d'État.

Chaque jour venait donc agrandir l'étendue, accroître l'urgence des services réclamés du comte Beker; à chaque instant, son patriotisme et son dévouement désintéressé recevaient un nouveau et douloureux appel.

Dans ce court trajet qui le séparait de la Malmaison, sa sollicitude s'appesantissait sur la gravité des obligations devant lesquelles la ligne de ses devoirs et l'accueil affectueux qu'il avait reçu de l'Empereur ne lui permettaient plus de reculer.

Devant ses yeux se manifestait l'exemple le plus étrange des vicissitudes humaines, puisque celui qui avait commandé à tant de Rois allait être obligé de s'abriter sous le manteau d'un de ses généraux pour s'éloigner à jamais de sa patrie. Quand il prit entre ses mains les pièces qui lui annonçaient un exil, l'Empereur, lisant les termes du passe-port, dit en souriant : « *Me voilà donc votre secrétaire? — Non, Sire*, répondit le général, *vous serez toujours mon Souverain.* »

Napoléon ne joignit pas d'autres réflexions à la lecture de ces dépêches qui l'avaient étonné un instant, et bientôt s'effaça sur ses traits l'impression qu'elles avaient produite.

Tous ces messages révélaient de la part de la Commission du Gouvernement des dispositions irrévocables. Malgré ces pressantes notifications, Napoléon restait irrésolu. Sa répugnance à quitter la Malmaison se fortifiait de plus en plus; le lendemain matin, 28 juin, il fit appeler le comte

Beker, et l'informa des considérations qui suspendaient son départ, n'ayant obtenu ni sauf-conduit, ni garanties suffisantes pour sa sûreté. Il le chargea d'écrire dans ce sens au Maréchal, ministre de la guerre, et ce fut presque entièrement sous sa dictée que fut tracée cette dépêche :

DÉPÊCHE DU GÉNÉRAL BEKER AU MINISTRE DE LA GUERRE.

La Malmaison, 28 juin 1815.

Monseigneur,

Après avoir communiqué à l'Empereur l'arrêté du Gouvernement, relatif à son départ pour Rochefort, Sa Majesté m'a chargé d'annoncer à Votre Altesse qu'elle renonce à ce voyage, attendu que, les communications n'étant pas libres, Elle ne trouve pas une garantie suffisante pour la sûreté de sa personne.

D'ailleurs, en arrivant à cette destination, l'Empereur se considère comme prisonnier, puisque son départ de l'île d'Aix est subordonné à l'arrivée des passe-ports, qui lui seront sans doute refusés pour se rendre en Amérique.

En conséquence de cette interprétation, l'Empereur est déterminé à recevoir son arrêt à la Malmaison, persuadé qu'on n'entreprendra rien contre lui qui ne soit digne de la nation et de son gouvernement.

Telle est, Monseigneur, la notification que je suis chargé de vous adresser, et sur laquelle j'attends de nouveaux ordres.

Signé : Le Lieutenant-général,

Comte BEKER.

Le comte Beker ne recevait et n'adressait aucune dépêche sans la soumettre à l'Empereur, qui lui faisait souvent l'honneur de l'appeler dans son cabinet pour lui demander si aucune instruction supplémentaire concernant son voyage à Rochefort ne lui avait été expédiée. Le général n'était pas toujours à même de satisfaire cette juste et naturelle curiosité, puisque le Gouvernement provisoire le laissait dans une complète ignorance sur la marche des négociations des ambassadeurs auprès des alliés et sur les mesures des Chambres pour maintenir l'ordre dans la capitale et dans l'Empire.

C'était toujours avec une grande douceur de caractère que Napoléon raisonnait de sa situation, de sa renonciation aux affaires publiques et de l'avenir de la France. Il croyait que les Souverains exécuteraient fidèlement les promesses stipulées dans les proclamations, répandues avec profusion par leurs armées lorsqu'elles franchirent les frontières, proclamations dans lesquelles ils garantissaient aux Français l'intégrité du territoire, le respect des personnes et des propriétés et le maintien de la Charte.

Durant cet intervalle, la Malmaison avait vu disparaître, d'une manière de plus en plus sensible, la foule jadis si empressée des courtisans de la fortune; ses salons étaient devenus déserts.

Dans la journée du 28, quelques personnes arrivaient encore de Paris, mais on n'apercevait plus ni grands dignitaires, ni maréchaux de l'Empire, que d'autres intérêts tenaient attachés à d'autres lieux. La solitude du château n'était plus troublée que par l'arrivée ou le départ de quelques officiers supérieurs qui accouraient du champ de bataille, souvent avec les vêtements en désordre, pour informer l'Empereur du dévouement dont l'armée était toujours animée en sa faveur. Ils lui proposaient de se remettre à leur tête, sans égard pour les résolutions du Gouvernement provisoire, qui ne voulait plus admettre de sa part aucune tentative héroïque, dans la crainte de contrarier les négociations avec les coalisés.

Mais l'Empereur se tenait isolé, communiquant peu avec les personnes du dehors ; le Grand Maréchal, qui seul avait un libre accès auprès de sa personne, lui servait d'intermédiaire.

Dans le cours de cette journée, il fut enjoint au général Beker d'aller visiter le pont de Chatou sur la Seine, pour s'assurer de l'exécution des ordres du Ministre de la guerre, donnés à un détachement de la garde Impériale, pour la destruction de ce point de communication, attendu que, dans un moment où l'on était menacé de l'invasion des Prussiens, sa proximité de la Malmaison pouvait compromettre la sûreté de l'Empereur.

ORDRE DU MINISTRE DE LA GUERRE AU GÉNÉRAL BEKER.

Paris, 28 juin.

Monsieur le Général,

Vous prendrez une partie de la garde qui se trouve sous vos ordres à Ruel, et vous irez brûler et détruire complètement le pont de Chatou.

Je fais détruire également par des troupes qui sont à Courbevoie le pont de Besons; j'y envoie un de mes aides de camp pour cette opération.

J'enverrai demain des troupes à Saint-Germain; mais, en attendant, gardez-vous sur cette route.

L'officier qui vous porte cette lettre est chargé de m'apporter lui-même le rapport de l'exécution de cet ordre.

Maréchal Prince d'Eckmühl

Durant ces retards et ces incertitudes, le temps s'écoulait, les événements se précipitaient. On pouvait être surpris et on ne résolvait rien. Seulement, quelques préparatifs de départ étaient ordonnés, sans qu'on eût fixé la direction à prendre pour mettre un terme à une si périlleuse situation.

Il était huit heures du soir, quand un message du Maréchal prince d'Eckmühl mandait à Paris le général Beker, dont les instructions devaient être complétées.

On apprit en même temps la désorganisation de l'armée, la défection de beaucoup d'officiers généraux et supérieurs, le défaut d'ensemble et les actes d'insubordination qui éclataient sur tous les points.

Arrivé chez Son Excellence, le comte Beker se croisa dans le vestibule de l'hôtel du Ministre avec un personnage qui sortait d'une conférence qu'il venait d'avoir avec le Maréchal. L'huissier de service ayant annoncé que le Ministre attendait le Général dans son jardin, celui-ci traversa le péristyle et, abordant Son Altesse : lui demanda quelles étaient les instructions nouvelles qu'elle avait à lui communiquer pour l'accomplissement de sa mission. Sans donner suite à cette question : *Connaissez-vous la personne que vous avez rencontrée dans le vestibule ?* dit le Maréchal. Sur la réponse négative, il ajouta : *C'est M. le baron de Vitrolles, agent du Roi, qui est venu, de la part de sa Majesté, me soumettre des propositions que j'ai trouvées acceptables pour le pays. Si les miennes sont agréées, je monterai demain à la tribune de la Chambre des représentants, pour exposer le tableau de notre situation, et pour faire sentir la nécessité d'adopter les projets que je crois utiles à la cause nationale.*

Vivement impressionné par cette confidence, qui le confirmait dans la crainte du changement prochain des destinées de la France, le comte Beker lui dit : *Je ne puis, monsieur le Maréchal, vous dissimuler mon étonnement de vous voir prendre une détermination qui doit disposer du sort de l'Empire en faveur d'une seconde restauration. Prenez garde de vous charger d'une si grande responsabilité ; il y a peut-être encore des ressources pour repousser l'ennemi, et l'opinion de la Chambre des représentants ne me paraît pas, après son vote pour Napoléon II, favorable au retour des Bourbons.* Le prince d'Eckmühl, qui fut complètement éloigné des affaires dès la rentrée de Louis VXIII, était de bonne foi et d'une entière loyauté dans les négociations qu'il n'avait entamées que d'accord avec le Gouvernement provisoire ; il était convaincu qu'après les malheurs de la guerre, après les promesses des étrangers, qui ne mettaient à la paix d'autre condition que celle de la retraite de l'Empereur, cette époque de transition d'un règne à un autre était opportune pour débattre et garantir les intérêts du pays[1].

Le Ministre, s'apercevant que le Général ne

---

[1]. Cette assertion est quelque peu surprenante, mais nous ne saurions douter de la loyauté du général Beker. S'il a raconté cet incident à l'Empereur, la phrase par lui redite à ma mère et par moi entendue : « Je croyais que Davout m'aimait, mais il n'aimait que la France! » doit sans doute trouver ici sa place. Comme l'Empereur, le maréchal avait l'horreur de la guerre civile, et sans doute les propositions soumises à M. de Vitrolles devaient être pareilles aux paroles adressées par le maréchal à l'armée de la Loire. Ce dont nous avons *la certitude*, c'est de la noblesse des intentions du prince d'Eckmühl, mais du messager fatal nous ne répondons pas.

partageait pas sa manière de voir, ne poursuivit pas plus loin cet entretien. Il rentra dans les appartements et lui remit la copie d'un nouvel arrêté du Gouvernement adressé au Ministre de la marine, auquel il était ordonné, vu l'urgence des circonstances, de mettre les frégates à la disposition de Napoléon, sans retard ni délai. Il n'était plus nécessaire d'attendre l'expédition des saufs-conduits.

COPIE DE LA LETTRE DE LA COMMISSION DU GOUVERNEMENT AU MINISTRE DE LA MARINE.

Paris, 28 juin 1815.

Monsieur le Duc,

De longs retards ayant eu lieu depuis la demande faite de saufs-conduits pour Napoléon, et les circonstances actuelles faisant craindre pour sa sûreté personnelle, nous nous sommes déterminés à regarder comme non avenu l'article cinq de notre arrêté du 26 de ce mois. En conséquence, les frégates sont mises à la disposition de Napoléon.

Rien maintenant ne met obstacle à son départ. L'intérêt de l'État et le sien exigent impérieusement qu'il parte aussitôt après la notification que vous allez lui faire de notre détermination. M. le comte Merlin doit se joindre à vous pour cette mission.

Signé : Les 5 membres de la Commission.

A cette pièce était jointe la lettre originale écrite sur une feuille volante, et signée par les cinq membres de la Commission, qui enjoignait au comte Beker de se conformer aux diverses dispositions mentionnées.

LA COMMISSION DU GOUVERNEMENT AU GÉNÉRAL BEKER.

Paris, 28 juin 1815.

Monsieur le Général,

La Commission vous envoie copie des nouvelles instructions qu'elle donne au Ministre de la marine.

Vous devez, en ce qui vous concerne, vous conformer entièrement à cette nouvelle disposition et aux précédentes instructions que vous avez reçues du Ministre de la guerre, relativement au départ et à la sûreté de la personne de Napoléon.

Signé : Le duc d'OTRANTE, comte GRENIER, QUINETTE, CAULAINCOURT, duc de VICENCE, CARNOT.

Le Ministre de la guerre, en ajoutant à ces dépêches des instructions verbales, réitéra au général l'ordre d'accélérer par tous les moyens de persuasion le départ de Napoléon et le pressa d'instruire Sa Majesté des périls auxquels l'exposait un plus long séjour aux portes de la capitale.

Le jour naissait à peine, lorsque le comte Beker reprit le chemin de la Malmaison, pour rendre compte à l'Empereur des ordres que le Ministre de la guerre venait de lui transmettre et l'instruire de la marche des événements.

Un lugubre silence pesait sur cette résidence impériale, maintenant solitaire, et jadis trop étroite pour la cour la plus splendide de l'Europe, quand le drapeau national, déployé sur son faîte, annonçait la présence du monarque ; les principaux personnages avaient disparu ; la veille, la reine Hortense, en pleurs, avait fait au chef de sa famille ses derniers adieux.

Le général, en proie aux tristes réflexions que tant d'infortune faisait naître, attendait le réveil de l'Empereur, lorsque, vers 4 heures du matin, arriva le duc Decrès, ministre de la marine.

Il venait notifier lui-même à Napoléon le dernier arrêté du Gouvernement provisoire, et l'avertir des dangers qu'un plus long séjour à la Malmaison multiplierait autour de lui, l'avant-garde ennemie pouvant se montrer d'un instant à l'autre. Son éloignement devait au contraire assurer le succès des négociations avec les souverains alliés, et favoriser l'acceptation des clauses stipulées dans l'intérêt de son fils et de sa famille. La démarche du Ministre de la marine parut persuader l'Empereur qu'une plus longue hésitation pouvait être fatale, et il se disposait à partir pour Rochefort. Néanmoins, quoique les ordres fussent donnés en conséquence de cette résolution, il céda aux avis de quelques anciens serviteurs qui croyaient encore à la possibilité de changer la face des affaires, et différa son départ de quelques heures pour envoyer le comte Beker à Paris, à l'effet de transmettre de nouvelles propositions au Gouvernement.

Il était cinq heures du matin lorsqu'il le fit appeler pour le charger de cette mission. Le général lui fit observer respectueusement que, *vu sa position, un pareil message serait mieux rempli par un officier de la maison impériale que par lui, membre de la Chambre des représentants et commissaire du gouvernement, dont les instructions, qu'il avait eu l'honneur de soumettre à Sa Majesté, se bornaient à l'accompagner.*

L'Empereur, dans cet entretien, avait l'épée au côté, le chapeau sous le bras; derrière lui se tenaient debout Madame mère et le cardinal Fesch, récemment arrivés, ainsi que le duc de Bassano et d'autres personnages, lorsqu'il termina par ces mots : *J'ai confiance en votre loyauté, remplissez cette mission à l'instant, vous me rendrez un nouveau service. — Sire, répondit le général, je suis fier de ce témoignage d'une confiance aussi haute, et puisque mon dévoûment peut être utile à Votre Majesté, je ne puis hésiter à obéir à vos désirs.*

Il se jeta immédiatement dans une chaise de poste pour se rendre à Paris. Il arriva au pont de Neuilly; des barricades avaient déjà converti ce passage en obstacles. Il fut obligé de les traverser à ses risques et périls, et de se glisser le long des parapets, exposé à chaque pas à tomber dans la Seine ; il atteignit l'autre rive, mais il n'avait plus de voiture à sa disposition. Heureusement, le commandant du bataillon établi sur ce point lui procura un méchant cabriolet de place. Ce fut dans ce modeste équipage que le dernier ambassadeur du souverain qui avait régné sur le continent européen fit son entrée aux Tuileries.

L'huissier de service l'ayant annoncé à la Commission du gouvernement, le général fut aussitôt introduit dans la salle du conseil, où l'on fut étonné de le voir, lorsqu'on croyait déjà que, conformément aux dernières et pressantes dépêches notifiées par le Ministre de la marine lui-même, il avait pris avec Napoléon la route de Rochefort. Le général, pour expliquer à la Commission le motif de son retour, s'exprima en ces termes :

L'Empereur m'envoie vous dire que la situation de la France, les vœux des patriotes et les cris des soldats réclament sa présence pour sauver la patrie.

Ce n'est plus comme Empereur qu'il demande le commandement, mais comme général dont le nom et la réputation peuvent encore exercer une grande influence sur le sort de l'Empire. Après avoir repoussé l'ennemi, il promet de se rendre aux États-Unis, pour y accomplir sa destinée.

La proposition était séduisante dans l'état où

se trouvait le pays ; la Commission restait néanmoins silencieuse. Le président interpella le général, en l'invitant à s'asseoir à ses côtés, et engagea avec lui un dialogue que les autres membres de la Commission se bornèrent à écouter, sans y prendre aucune part.

Pourquoi, lui dit le duc d'Otrante, vous êtes-vous chargé d'une pareille mission, lorsque vous deviez presser l'Empereur de hâter son départ, dans l'intérêt de sa sûreté personnelle, que nous ne pouvons lui garantir? Car l'ennemi marche rapidement sur Paris, et les rapports de nos généraux, arrivés ce matin, nous annoncent une grande défection dans l'armée. Tenez, ajouta-t-il en jetant cette correspondance devant lui, lisez les lettres des généraux Grouchy, Vandamme et autres; vous verrez si un plus long retard n'expose pas Sa Majesté à tomber entre les mains de l'ennemi. Dites-moi donc, continua le duc, qui était avec l'Empereur, lorsqu'il vous a chargé de ce message? Le général désigna les notabilités, en lui nommant le duc de Bassano. Fouché s'écria : « Je vois d'où est parti ce
« conseil ; mais dites à l'Empereur que ses offres ne
« peuvent être acceptées, qu'il est de la plus grande
« urgence qu'il parte immédiatement pour Rochefort,
« où il se trouvera plus en sûreté que dans les environs
« de Paris. »

Puisque vous avez pénétré, répondit le comte Beker, le motif qui a déterminé Napoléon à essayer une nouvelle instance, je voudrais au moins être porteur d'un avis du Gouvernement sur le résultat de ma mission.

Car si je n'arrive à la Malmaison qu'avec une relation verbale, Sa Majesté pourra douter du zèle et de l'empressement que j'aurais mis à exécuter son mandat.

Le duc d'Otrante traça précipitamment un billet conçu à peu près en ces termes et à l'adresse du duc de Bassano :

Le Gouvernement provisoire ne pouvant accepter les propositions que le général Beker vient de lui faire de la part de Sa Majesté, par des considérations que vous saurez apprécier vous-même, je vous prie, monsieur le Duc, d'user de l'influence que vous avez constamment exercée sur son esprit pour lui conseiller de partir sans délai, attendu que les Prussiens marchent sur Versailles, etc.

Signé : Le duc D'OTRANTE.

Pendant que le président parlait, agissait, écrivait, au nom du Conseil, sans consulter ses collègues, le général Carnot se promenait dans les angles de la salle ; le duc de Vicence, le général Grenier et le baron Quinette, assis autour de la table, gardaient un profond silence. Le duc d'Otrante seul traitait péremptoirement toutes ces questions politiques, et, comme un dictateur, paraissait régler le sort de la France.

La note écrite, le duc d'Otrante engagea vivement le comte Beker à retourner de suite à la Malmaison, pour représenter plus fortement que jamais à l'Empereur l'urgence d'une détermination qui pût accélérer son départ et l'empêcher d'être fait prisonnier dans son propre palais par les troupes ennemies. Comme, dans le principe, ainsi qu'il a déjà été constaté, il n'avait pas été question, pour le comte Beker, d'accompagner Napoléon à Rochefort, comme il avait été simplement chargé du commandement de sa garde à la Malmaison, le général appela l'attention du président sur ce fait.

Il lui exposa qu'en sa qualité de membre de la Chambre des représentants, il ne devait être soumis à aucun autre devoir que celui de siéger dans l'assemblée, et qu'il désirait y reprendre ses fonctions puisqu'on rejetait toutes les propositions que l'Empereur avait cru devoir faire dans l'intérêt de la France. Croyez-vous, Général, répartit vivement le duc d'Otrante, que nous soyons ici sur un lit de roses, et qu'il nous soit permis d'adopter des mesures contraires à celles qui ont été suivies jusqu'à ce moment par nos commissaires aux armées? Quelque avantageuses que puissent être les offres de Sa Majesté, nous ne pouvons rien changer à la teneur des arrêtés dont l'exécution vous est confiée. Partez donc promptement et transmettez à l'Empereur l'invariable résolution prise par nous de ne plus rien changer aux dispositions qu'ils renferment.

Pendant cette conversation, les collègues du président ne rompirent pas une seule fois le silence. Sombres et taciturnes, ils ne semblaient être que simples témoins dans cet entretien.

Le général prit congé des membres du Gouvernement, en promettant de faire ce qui serait humainement possible pour remplir, à la satisfaction du pays et de l'Empereur, une mission aussi difficile dans son exécution qu'importante par les résultats qu'elle devait amener.

Le cœur navré de douleur de n'avoir pu modifier, en faveur de Napoléon, les résolutions de la Commission exécutive, il sortit de la salle.

En traversant les salons d'attente, il heurta une foule empressée de généraux, de hauts fonctionnaires impatients, dans cette tourmente, de pénétrer l'avenir. On l'entourait, on le pressait, on était inquiet de savoir encore l'Empereur à si peu de distance de la capitale. *Mais, hâtez-vous,* disaient-ils, *tâchez donc de décider son départ. Tant qu'il sera là, nous ne pourrons rien entreprendre ni pour son avantage personnel, ni pour l'intérêt du pays.* Le général Beker discerna sans peine les dispositions secrètes que couvrait cette sollicitude, il promena autour de lui des regards étonnés, et sans manifester autrement que par ce langage muet les sensations douloureuses que l'expression de ces sentiments éveillait dans son cœur, il poursuivit son chemin.

Il retourna à la Malmaison dans une voiture de la Cour mise à ses ordres par le duc de Vicence. Elle le ramena au pont de Neuilly qu'il traversa une seconde fois avec les mêmes dangers et les mêmes difficultés qui l'avaient arrêté la première.

Arrivé dans la cour du château, il remarqua un grand mouvement de trains d'équipage, d'officiers à cheval.

Surpris de cette activité inattendue, il s'informa des causes de ces préparatifs auprès de M. de Montaran, écuyer de service, qui lui apprit que l'Empereur allait lui-même monter à cheval pour se rendre à l'armée.

Cette détermination était complètement opposée aux instructions du Gouvernement provisoire, lequel avait rejeté les offres faites par Napoléon de se remettre à la tête des troupes, non plus comme Empereur, mais comme simple général, afin de tenter un dernier effort. Le comte Beker invita l'écuyer à attendre de nouveaux ordres de l'Empereur qui pourrait peut-être modifier ses desseins, après avoir pris connaissance des faits qu'il allait lui transmettre.

Peu d'instants après, il fut introduit dans le cabinet de l'Empereur. Napoléon y était seul; son costume, en effet, annonçait une intention de départ; il portait un habit brun, la culotte blanche et des bottes à l'écuyère.

En abordant Votre Majesté d'un air aussi affligé, lui

dit le général, je lui fais pressentir que je n'ai pas réussi dans ma mission. Voici un billet pour M. le duc de Bassano, de la part de M. le duc d'Otrante, président de la Commission du Gouvernement.

Il expliquera à Votre Majesté les considérations qui s'opposent à l'exécution de ses projets. J'ai demandé ce titre afin de lui prouver que j'ai fait tous mes efforts, pour faire agréer au Gouvernement provisoire les dernières offres de ses services. Ne voyant plus ici M. le duc de Bassano, je remets ce billet entre vos mains, en vous assurant qu'on est très pressé aux Tuileries d'apprendre votre départ pour Rochefort. Car il paraît que l'ennemi marche à grands pas sur Saint-Germain et Versailles, et que le moindre délai pourrait compromettre votre personne.

Il raconta ensuite tous les détails de cette conversation si remarquable avec le duc d'Otrante, et dépeignit l'aspect des Tuileries.

L'Empereur, étonné de la résistance que son message avait rencontré auprès de la Commission exécutive, mais sobre de réflexions sur tout ce qui intéressait sa position, sans s'appesantir sur la singularité de cette scène, ni sur la bizarre prépondérance que le président s'était arrogée sur ses collègues, dit avec humeur :

Ces gens-là ne connaissent pas l'état des esprits, en refusant ma proposition ; on s'en repentira. Donnez en conséquence des ordres pour mon départ ; lorsqu'ils seront exécutés, vous viendrez me prévenir.

Depuis plusieurs jours, les préparatifs de voyage étaient disposés, le mode de transport assuré. On se rappelle que, d'après les termes du passe-port délivré par le comte Berlier, Napoléon devait partir seul avec le général Beker, dont il serait censé être le secrétaire, et qu'il ne leur serait adjoint qu'un domestique. Ce mystère, cet arrangement singulier semblaient l'avoir contrarié. Il était d'autant plus sensible à cette mesure qu'il n'avait point été consulté à cet égard.

Le général, empressé d'adoucir cette haute infortune, voulant épargner à Napoléon la tristesse d'un si long tête-à-tête, lui avait proposé, au lieu d'une chaise de poste, une calèche qui lui permettrait d'emmener deux personnes de sa suite. Le changement agréé, il fit atteler une calèche à quatre places, simple, sans armoiries, traînée par quatre chevaux, deux postillons, un courrier en avant.

Quand tout fut disposé, l'équipage alla s'établir à la petite porte du parc pour éviter de traverser la cour du château où tous les serviteurs attendaient l'Empereur au passage. Le comte Beker entre alors une dernière fois chez l'Empereur pour le prévenir que tout est prêt, que la voiture stationne en dehors du parc. Napoléon, toujours dans le même costume, sans proférer une parole, prend son chapeau rond déposé sur son secrétaire, suit le général et traverse le vestibule, pour entrer dans le jardin, avec un calme et une sérénité qui arrachent des larmes abondantes à tous ses serviteurs, tous ses soldats, qui, dans cette séparation, voient s'anéantir leur dernière espérance. Arrivé à la porte du parc, où la calèche l'attend, il y monte rapidement ; le Grand Maréchal comte Bertrand s'asseoit à son côté ; vis-à-vis de lui se place le duc de Rovigo, et le général Beker en face du Grand Maréchal. Un valet de chambre s'établit sur le siège, et, le 29 juin, à cinq heures du soir, au milieu d'un silence profond, le galop des chevaux emporte vers l'exil le monarque détrôné.

D'autres voitures suivaient à quelque distance, et, tandis que l'Empereur prenait la route de Rochefort, par Rambouillet et Tours, une partie de sa suite se rendait à la même destination par Orléans, de peur qu'un mouvement trop considérable sur la même ligne ne donnât l'éveil et n'entraînât quelque retard ou quelque tentative.

Le Gouvernement avait recommandé au général de lui annoncer ce départ dès qu'il serait arrêté. Celui-ci, avant de s'éloigner, avait informé la Commission de cette détermination, dans une courte dépêche au Ministre de la guerre.

LE GÉNÉRAL BECKER AU MINISTRE DE LA GUERRE.

La Malmaison, le 29 juin,
à 5 heures du soir.

Monseigneur,

J'ai l'honneur de vous informer que l'Empereur va monter en voiture pour accomplir sa destinée. J'aurai soin d'annoncer à Votre Altesse le jour de notre arrivée à Rochefort, d'où je ne partirai, pour revenir à Paris, qu'après avoir vu l'Empereur sous voiles.

Signé : Le Lieutenant général,
Comte BEKER.

CHAPITRE III

29 juin.

Napoléon, en quittant la Malmaison, ignorait, ainsi que ses compagnons de voyage, la force de l'armée, qui, ralliée par le Major général, restait encore fidèle après la perte de cette funeste bataille de Waterloo. Les communications étant interceptées, il ne transpirait que des nouvelles pleines d'alarmes et d'exagération. Le général Beker n'apprit même qu'à son retour à Paris, lorsque l'Empereur voguait déjà vers Sainte-Hélène, que le corps du maréchal Grouchy était arrivé presque intact aux environs de Paris ; que chefs et soldats se seraient encore sacrifiés pour la cause impériale ; qu'il restait encore, malgré quelques milliers de déserteurs, une masse organisée de soixante-dix mille hommes aguerris, ne demandant qu'à combattre pour repousser l'ennemi témérairement avancé sur Saint-Germain et Versailles. Malheureusement cette force, quoique très dévouée, restait inerte, à la discrétion des émissaires de l'étranger.

En proie aux tiraillements de tous les partis, elle attendait, dans une sorte de torpeur, le sort qui lui était réservé.

Si, en effet, la Commission du Gouvernement avait accepté la proposition de l'Empereur, qui s'offrait à ramener l'armée au combat, si lui-même avait eu l'énergique volonté de ressaisir spontanément le commandement, qui peut dire ce qui pouvait surgir de l'enthousiasme national qu'il aurait fait naître, en reparaissant avec tout son prestige à la tête de ses soldats appelant à grands cris leur Empereur pour réparer les malheurs de la France?

Mais Napoléon avait perdu son ancienne activité, et parmi ses capitaines il n'y avait peut-être pas d'homme capable de contenir tous les chefs dans la subordination, plus nécessaire que jamais après de pareils désastres.

Les généraux Vandamme, Reille, Excelmans et d'autres faisaient de vains efforts pour arrêter la marche des colonnes ennemies ; leurs tentatives isolées n'étaient plus secondées, et les derniers élans de ce mouvement patriotique ne retardèrent que de peu d'instants la capitulation de Paris.

Mais, ainsi qu'on vient de le dire, Napoléon et

ses compagnons de voyage ignoraient cette résistance et cette dernière lutte de quelques généraux pour l'indépendance de la patrie. Il est probable que, s'il avait eu connaissance de ces manifestations et de leur puissance, il eût cédé aux cris de l'armée. Ce fut donc dans cette absence complète de nouvelles favorables qu'il quitta sa résidence et prit la direction de Rambouillet.

Le trajet s'effectua dans le plus grand silence jusqu'au château, où primitivement on ne devait pas descendre, mais où, soit par fatigue, soit dans l'espoir d'un changement de fortune, l'Empereur voulut s'arrêter vers dix heures du soir.

Le souper se passa tristement ; aucune parole ne fut échangée : le Grand Maréchal comte Bertrand avait recommandé de n'adresser aucune question, de se tenir dans une grande réserve et de ne pas provoquer d'explications sur les événements consommés.

Mais chacun était trop pénétré de ce sentiment de haute convenance pour vouloir troubler par quelques réflexions le respect dû à une si grande infortune.

Après le souper, Napoléon se retira dans sa chambre à coucher, où il resta seul enfermé avec le Grand Maréchal. Il n'avait pas d'abord le projet de passer la nuit à Rambouillet ; on était donc étonné, après une assez longue attente, de ne pas voir s'ouvrir la porte de son appartement, quand le comte Bertrand vint annoncer que Sa Majesté, très fatiguée, s'était mise au lit, et ne continuerait le voyage que dans la matinée du lendemain.

Cette décision arrêtée, le général Beker, ainsi que le duc de Rovigo et le général Gourgaud arrivé plus tard, s'installèrent dans le salon, jusqu'à ce qu'il plût à l'Empereur de transmettre ses ordres.

La nuit s'écoula dans cette attente ; on croyait toujours que des nouvelles moins sinistres viendraient relever les espérances et ouvrir les chances d'un sort moins rigoureux.

30 juin.

Ne recevant aucun avis favorable, Napoléon se résolut au départ, et le 30 juin, à onze heures du matin, on se remit en route dans le même ordre que la veille, les équipages de la suite ne devant partir que quelques heures après la calèche.

L'espace de Rambouillet à Tours fut franchi avec rapidité, sans qu'aucun incident signalât le trajet. On avait atteint les barrières de cette ville à la pointe du jour.

1ᵉʳ juillet.

L'Empereur envoya le duc de Rovigo prévenir le préfet d'Indre-et-Loire, M. de Miramont, son ancien chambellan, avec lequel il eut un quart d'heure d'entretien. Puis la voiture relayée poursuivit sa course sur Poitiers, où l'on s'arrêta, vers le milieu du jour, pour prendre quelque repos à l'hôtel de la Poste situé en dehors de la ville.

Napoléon n'avait pas été reconnu jusqu'alors; néanmoins l'air composé que chacun croyait nécessaire au succès du voyage excitait l'attention des habitants qui, dans toutes les stations de poste, demandaient des nouvelles de l'Empereur avec une inquiétude marquée.

Ces témoignages d'intérêt et de sollicitude se multipliant pendant le voyage devaient naturellement alimenter les idées de résistance qui fermentaient toujours dans l'esprit de Napoléon.

Ces manifestations d'un culte encore vivant lui inspirèrent des réflexions qui pouvaient le détourner de la ligne que lui avait tracée le Gouvernement provisoire.

Avant de partir de Poitiers, il invita le général Beker à expédier un courrier au préfet maritime de Rochefort, pour l'engager à venir à sa rencontre. Il désirait connaître l'état des frégates mises à sa disposition, et s'entendre avec lui sur la possibilité et sur les moyens de sortir de la rade de l'île d'Aix, et de se rendre aux États-Unis. Le courrier fut expédié conformément à ses désirs et précéda de peu d'instants le mouvement de la calèche sur la ligne de Niort.

Cette partie du trajet fut marquée par un incident qui faillit mettre en danger la personne de l'Empereur et sa suite. Au bourg de Saint-Maixent, la population, attirée par le spectacle d'une voiture à quatre chevaux, s'était précipitée autour d'elle à son arrivée devant l'hôtel de la Poste, et se livrait à des investigations importunes pour découvrir la qualité des voyageurs.

Déjà un officier de la garde nationale avait emporté à l'Hôtel de Ville le passe-port du comte Beker. Comme, ainsi qu'on l'a vu, cette pièce était tracée à la main et différait par sa forme de tous les passe-ports ordinaires, comme de plus on n'y avait mentionné qu'un secrétaire et un valet de chambre, elle fixait l'attention particulière des officiers municipaux en permanence à la commune. Dans l'intervalle, le rassemblement grossissait et l'inquiétude commençait à pénétrer dans la calèche, quand un heureux hasard fit reconnaître au général Beker, dans un groupe de curieux, un officier de gendarmerie auquel il fit signe d'approcher. Il le pria de se rendre sur le champ à l'Hôtel de Ville pour lui rapporter son passe-port, attendu qu'il était chargé d'une mission d'État, qui ne lui permettait aucun retard.

L'officier revint un instant après, remit le passe-port avec un laissez-passer de la municipalité, et contribua vivement par son influence à faire reculer la foule et à dégager la voiture qui ne tarda pas à disparaître.

A dix heures du soir, elle entrait à Niort, dans un modeste hôtel du faubourg Saint-Maixent, à la Boule-d'Or. Personne, dans la ville, ne se doutait de cet événement. Vers minuit, le duc de Rovigo se rendit auprès du préfet du département, M. Busche, pour lui annoncer l'arrivée de Napoléon à Niort et la probabilité d'un séjour pendant une partie de la journée du lendemain. Cet administrateur qui, dans cette circonstance critique, donna toutes les preuves d'un dévoûment absolu, témoigna sa surprise à M. le Duc de ce que Sa Majesté était descendue dans une auberge, lorsqu'elle pouvait disposer de l'Hôtel de la préfecture. Le duc de Rovigo répondit que Napoléon, fatigué, s'était mis au lit, mais qu'il lui avait donné l'ordre de voir le préfet, et de lui dire qu'il le recevrait à quatre heures du matin pour lui faire connaître ses intentions.

Après avoir fait quelques questions sur l'esprit public des habitants de la garnison, après avoir acquis la certitude que Sa Majesté était à l'abri de tout danger, il se retira, priant le préfet de tenir cette entrevue secrète et refusant l'offre de faire exercer une surveillance sur la maison où était descendu l'Empereur.

2 juillet.

Le 2 juillet, au soleil levant, Napoléon était debout à une croisée, regardant avec intérêt quelques cavaliers qui donnaient les premiers soins à leurs chevaux. Il fut reconnu par l'un d'entre eux et le nom de l'Empereur circula dans toutes les bouches. Sur ces entrefaites, arriva le préfet, qui fut reçu aussitôt. Sur ses vives instances, l'Empereur consentit à se rendre à la préfecture, monta avec lui dans sa voiture et alla s'installer dans les appartements qui lui avaient été préparés dans la nuit, et où le Grand Maréchal comte Bertrand, le duc de Rovigo et le général Beker ne tardèrent pas à le rejoindre. L'Empereur déjeuna seul dans sa chambre ; dans la matinée, il eut plusieurs entrevues particulières avec M. Busche. Appuyé sur deux régiments de cavalerie, il voulut prolonger son séjour dans la ville et s'abandonner encore au hasard d'une heureuse éventualité.

A son arrivée à la préfecture, on avait demandé au Grand Maréchal ses ordres pour une garde ; deux vedettes de cavalerie devaient être placées à la porte de l'Hôtel. Il fut répondu que le bon esprit de la population devait rendre toute précaution inutile ; que, d'ailleurs, l'intention de Sa Majesté était de ne recevoir aucun honneur.

La grande nouvelle s'était répandue avec rapidité dans la ville ; de nombreux groupes se formaient sous les fenêtres de l'Hôtel, demandant à grands cris l'Empereur. Il refusa constamment de paraître au balcon, et fit dire par le comte Bertrand qu'il serait inutile d'insister.

Vainement le préfet et d'autres personnes pénétrèrent dans les groupes pour les engager à se dissiper ; la foule ne cessait de répéter ses manifestations.

Dans la journée, arrivèrent successivement le roi Joseph, la comtesse Bertrand et ses enfants, le général Gourgaud, ainsi que les chefs des mouvements du port de Rochefort, qui portaient la réponse du préfet maritime à la dépêche expédiée la veille de Poitiers. Les renseignements apportés par cet officier sur la station anglaise devant les pertuis Breton et d'Antioche, seuls points praticables à la sortie des bâtiments de guerre, présentèrent tant de difficultés pour le départ des frégates que Napoléon invita le général Beker à les signaler au Gouvernement par la dépêche suivante, rappelant en même temps les propositions déjà faites et refusées de se remettre à la tête des armées et de faire un dernier effort contre les alliés dans l'intérêt de la France.

RAPPORT DU GÉNÉRAL COMTE BEKER AU GOUVERNEMENT PROVISOIRE.

Niort, le 2 juillet 1815.

Pour accélérer la remise de mon rapport au Gouvernement provisoire, j'ai l'honneur de l'informer directement par un courrier extraordinaire, que l'Empereur est arrivé la nuit dernière à Niort bien fatigué et très inquiet du sort de la France.

Sans être reconnu, Napoléon a été très sensible à la curieuse inquiétude avec laquelle on demandait de ses nouvelles sur son passage. Ces démonstrations d'intérêt lui ont fait dire à plusieurs reprises : Le Gouvernement connait mal l'esprit de la France, il s'est trop pressé de m'éloigner de Paris, et s'il avait accepté ma dernière proposition, les affaires auraient changé de face. Je pouvais encore exercer, au nom de la nation, une grande influence dans les affaires politiques en appuyant les négociations du Gouvernement par une armée à laquelle mon nom aurait servi de point de ralliement, etc.

Arrivée à Niort Sa Majesté a été informée par le préfet maritime de Rochefort que, depuis le 29 juin, l'escadre anglaise, en doublant sa croisière et sa vigilance, rendait la sortie des bâtiments impossible. Dans cet état de choses, l'Empereur désire que le Ministre de la marine autorise le capitaine de la frégate qu'il montera à communiquer avec le commandant de l'escadre anglaise, si des circonstances extraordinaires rendent cette démarche indispensable, tant pour la sûreté personnelle de Sa Majesté que pour épargner à la France la douleur et la honte de le voir enlevé de son dernier asile, pour être livré à la discrétion de ses ennemis.

Dans cette circonstance difficile, nous attendons des nouvelles de Paris. Nous avons l'espoir que la capitale se défendra, et que l'ennemi vous donnera le temps de voir l'issue des négociations entamées par vos ambassadeurs et de renforcer l'armée pour couvrir Paris. (Cette phrase et la suivante m'ont été dictées par l'Empereur.) Si, dans cette situation, la croisière anglaise empêche les frégates de sortir, vous pouvez disposer de l'Empereur comme général uniquement occupé d'être utile à la patrie.

Signé : Le Lieutenant général,
Comte BEKER.

A Niort, se renouvelait l'attitude d'inaction et d'expectative à laquelle l'Empereur semblait ne pouvoir se soustraire. Il sollicitait toujours à Paris des ordres qu'il n'osait plus dicter lui-même.

La ville présentait quelques symptômes d'agitation; les nouvelles de la capitale, le voisinage de la Vendée exaltaient les esprits. Le général Beker employa son influence sur l'un des colonels pour l'engager à détourner ses soldats de tout projet d'ovation qui déplairait à Sa Majesté, puisqu'elle avait, à plusieurs reprises, refusé même de recevoir les officiers supérieurs sollicitant la faveur de lui être présentés. Il conseilla à Napoléon de sortir d'une situation précaire que la proximité de la Vendée, récemment encore en armes, rendait de plus en plus périlleuse, en partant le plus tôt possible pour Rochefort, où il serait à l'abri des tentatives des divers partis contre sa personne, et où il posséderait toute liberté d'action pour suivre les plans que lui suggéreraient les événements.

M. Busche adressa dans le même sens ses propres observations à l'Empereur, qui se décida à quitter Niort le lendemain aux premiers rayons du jour.

3 juillet.

A quatre heures du matin, Napoléon descendait le perron de l'Hôtel de la préfecture, et remerciait le préfet de sa généreuse réception; il s'aperçut de son attendrissement, et lui prit de nouveau la main qu'il lui serra d'une manière affectueuse. Au moment où il monta dans la voiture, les cris de *Vive l'Empereur! Restez avec nous!* éclatèrent avec force au milieu du peuple rassemblé; mais il fit signe de la main aux postillons, et la calèche s'éloigna avec rapidité. A cheval à côté de la portière, le colonel de la gendarmerie, en grand uniforme, manifestait son dévoûment.

L'Empereur, reconnu pendant le trajet, était salué par toute la population accourue sur son passage. Il admirait, chemin faisant, les travaux d'assainissement qu'il avait fait exécuter pour fertiliser les marais de cette contrée, à cette époque, couverte de meules de foin.

Vous voyez, disait-il, *que les populations me savent gré du bien-être que j'ai créé dans leur pays ; que, partout où je passe, je reçois les bénédictions d'un peuple reconnaissant.*

Le 3 juillet, à huit heures du matin, Napoléon franchissait les portes de Rochefort, et atteignait la plage d'où la patrie devait lui adresser ses derniers adieux. Il laissait derrière lui cette France qu'il avait illuminée des reflets de sa gloire, et qui, maintenant, s'affaissait sous le poids des revers.

Sans doute, ces amères vicissitudes devaient oppresser sa poitrine, pendant ce long voyage qui l'avait transporté de la Malmaison à Rochefort; sans doute, de lourdes pensées devaient peser sur son auguste front; mais jamais, durant le trajet, son visage ne trahit une émotion, jamais son attitude ne cessa d'être majestueuse et calme. Un morne silence régnait dans la voiture; chacun était assoupi ou feignait de l'être; nul n'osait interrompre le cours des réflexions de l'Empereur. Cet état de pénible contrainte n'était suspendu que dans les rares stations que faisait la calèche.

Taciturne et courbé sur lui-même, Napoléon n'échangeait que quelques phrases entrecoupées avec ses compagnons de voyage, et alors on s'apercevait que sa pensée planait encore sur l'avenir, que son imagination, bercée d'illusions, se flattait encore de pouvoir maîtriser les événements.

Jamais le nom de l'Impératrice ni celui du Roi

de Rome ne sortirent de sa bouche. Il craignait sans doute de s'attendrir, et voulait recueillir toutes ses forces. Souvent il puisait dans une tabatière du général Beker, sur laquelle était un portrait remarquable de Marie-Louise, sculpté en ivoire; il prit une fois la boîte dans ses mains, l'examina un instant, puis la rendit sans proférer une parole.

Ainsi s'accomplit la seconde partie de ce drame historique, dont la première avait eu la Malmaison pour théâtre, et dont la dernière allait finir à bord du *Bellérophon*.

CHAPITRE IV

3 juillet.

A Rochefort, l'Empereur s'installa dans l'Hôtel de la préfecture maritime où M. le baron de Bonnafoux le reçut avec tous les honneurs dus à son souverain.

Pendant toute la durée de son séjour, les habitants de la cité, les officiers de terre et de mer rivalisèrent de zèle pour manifester le culte qu'ils avaient voué à sa personne. C'était à qui proposerait des moyens de salut et se dévouerait pour les réaliser.

Le bruit de l'arrivée de Napoléon jeta la ville dans une émotion profonde. La population guidée par ce mot magique : l'*Empereur!* envahit le jardin de la préfecture, et inonda le port qu'il domine. Elle le demandait à grands cris et avec tant d'instances que, vers le soir, il crut devoir céder aux acclamations de la foule.

Il parut un instant sur la terrasse, accompagné

de sa suite et du préfet maritime; il salua avec bienveillance et, au silence religieux qui avait accueilli son apparition, succéda un élan d'enthousiasme frénétique plusieurs fois répété.

Napoléon paraissait encore sensible à ces témoignages d'affection populaire, une sérénité sublime éclairait son visage.

Plusieurs fois, il fut obligé de satisfaire l'impatience du peuple, et chaque fois c'étaient de nouveaux transports qui éclataient avec le même entraînement.

Cette première journée s'écoula, ainsi que les suivantes, dans l'expectative des événements qui, dans le même temps, se consommaient à Paris par la capitulation du 3 juillet.

Les passe-ports tant désirés et attendus n'arrivaient pas; les perplexités et les incertitudes allaient donc se renouveler plus vivement que jamais.

Dans la rade, mouillaient, sous la protection des batteries de l'île d'Aix, les deux frégates, *la Saal* et *la Méduse*, que le Gouvernement provisoire avait mises à la disposition de l'Empereur.

Elles étaient sous le commandement du capitaine de vaisseau M. Philibert, dont le pavillon flottait à bord de *la Saal*; il avait sous ses ordres le capitaine de frégate M. Poné, commandant de *la Méduse*.

Le premier soin du général, conformément aux désirs de l'Empereur, fut de convoquer à l'Hôtel de la préfecture un conseil formé d'officiers supérieurs et d'anciens marins, parmi lesquels on distinguait le vieil amiral Martin, homme d'une grande expérience, afin de délibérer sur les mesures les plus propres à favoriser le passage de Napoléon aux États-Unis.

Il fut reconnu que la croisière anglaise ayant, depuis le vingt-neuf juin, doublé le nombre de ses bâtiments, il était impossible aux deux frégates de sortir des pertuis Breton et d'Antioche sans tomber au pouvoir de l'ennemi.

Il fallut donc créer d'autres voies, et l'intervalle qui s'écoula du trois au huit juillet ne fut consacré qu'à la discussion des modes de transport sur des bâtiments légers, que le Préfet maritime était autorisé à équiper dans ce but.

Du 4 au 8 juillet.

Le général Beker, à la suite de ces premières délibérations, instruisit, par une dépêche datée du 4 juillet, le Gouvernement provisoire de l'arrivée de Napoléon à Rochefort et des projets proposés.

RAPPORT DU GÉNÉRAL BEKER AU GOUVERNEMENT PROVISOIRE

Rochefort, le 4 juillet 1815.

J'ai l'honneur d'informer la Commission du Gouvernement que l'Empereur est arrivé hier à huit heures du matin, à Rochefort, recevant, de la part des habitants des contrées que nous avons traversées, les témoignages de leur respect, de leurs regrets et de leur enthousiasme pour sa personne.

Immédiatement après notre arrivée à Rochefort, les officiers supérieurs de la marine ont déclaré qu'il était impossible de sortir de la rade de l'île d'Aix, tant que les Anglais entretiendraient une si nombreuse croisière à la vue de nos bâtiments.

En conséquence de cette opinion du conseil, on fait préparer une corvette dans la Gironde, et l'on arme un brick, afin de profiter de l'une de ces deux occasions, si les croiseurs, en se fixant devant les pertuis, découvrent l'embouchure de la Gironde, pour favoriser la sortie de la corvette.

Comme le succès de cette manœuvre n'est rien moins que certain, il est instant d'obtenir des passe-ports que les Anglais, intéressés au départ de Napoléon, ne peuvent plus refuser. Le prince Joseph, venu incognito à Niort pour embrasser son frère, en est reparti pour Saintes, d'où il se rendra dans une campagne de l'intérieur de la France, en attendant que le sort de sa famille soit déterminé. Ce Prince a été compromis par un garde-du-corps qui a provoqué une émeute contre lui et quelques personnes de la suite de l'Empereur à leur passage à Saintes pour se rendre à Rochefort. Le mouvement a été dissipé par la garde nationale, qui a fait relâcher les personnes et les équipages.

L'Empereur est parfaitement en sûreté à Rochefort; il ne se montre pas, quoique les habitants manifestent le désir de le voir pour lui exprimer leurs sentiments de reconnaissance pour tout ce qu'il a fait anciennement en faveur de cette contrée.

Nous espérons toujours que M. Otto obtiendra des passe-ports, et, en attendant qu'ils arrivent, on se met en mesure de courir les chances les plus favorables à la sûreté de l'Empereur.

Signé: Le Lieutenant général, comte BEKER.

Le conseil d'amirauté s'assemblait tous les jours; l'Empereur assistait à toutes ses séances, prenant une part active à ses discussions.

Dans l'une d'elles, l'amiral Martin signala le capitaine Baudin (aujourd'hui vice-amiral), commandant une corvette dans la rivière de Bordeaux, comme le seul homme capable de conduire Sa Majesté saine et sauve dans l'Amérique du Nord. Il fut aussi question de bâtiments neutres; toutes les ressources dont on pouvait user dans cette conjoncture difficile furent mises en évidence, mais on restait incertain sur le choix du parti qui offrait le plus de chances heureuses.

Plusieurs propositions furent tentées infructueusement auprès de l'Empereur par quelques jeunes marins déterminés; les moyens parurent trop frêles, trop insuffisants; il fallut donc y renoncer et écouter celles d'un capitaine, d'origine française, M. Besson, qui commandait un bâtiment danois en chargement de l'île d'Aix.

Il offrait de transporter l'Empereur en Amérique avec une suite peu nombreuse, s'il voulait se confier à son honneur.

Cette offre sourit à Napoléon qui, cependant, voulut attendre encore sans la rejeter ni l'approuver complètement.

Tous ces projets soumis sans acceptation, tant par la marine française que par les neutres, ne produisirent d'autre résultat que d'entretenir une irrésolution, toujours fondée sur l'espoir d'un changement de fortune.

La fatalité semblait d'ailleurs poursuivre l'Empereur ; car, pendant son séjour à Rochefort, les éléments furent constamment contraires aux tentatives projetées. Si les vents avaient favorisé la sortie des deux frégates avant l'apparition du vaisseau *le Belléro;.hon*, qui ne s'embossa dans la rade des Basques que le 10 juillet, elles pouvaient échapper aux croiseurs anglais, puisque *la Saal* et *la Méduse* avaient la réputation d'être les meilleurs voilières de notre marine.

Toutes les mesures étaient donc rejetées moins encore par suite d'accidents fortuits que par défaut de résolution.

On rêvait aux moyens de passer aux États-Unis, tandis qu'on perdait un temps précieux en discussions inutiles. A peine une décision paraissait-elle arrêtée, qu'elle était remplacée par une nouvelle disposition en sens contraire. Une certaine apathie qui s'était emparée des facultés de Napoléon, et sa défiance du succès, lui firent abandonner successivement les diverses propositions des marins, quoiqu'il eût, sans doute, pour la première fois de sa vie, consulté tous les hommes qui pouvaient lui indiquer les moyens de mettre sa personne en sûreté [1].

Rochefort, 6 juillet 1815.

C'est aujourd'hui le troisième jour de notre arrivée à Rochefort, sans perspective d'en sortir, tant que la croisière anglaise occupera toutes les issues.

Point de nouvelles de Paris ni des passe-ports à la faveur desquels on puisse se réfugier dans un pays quelconque. Cette incertitude de l'avenir prolonge notre anxiété, et je ne vois aucune chance favorable au départ de l'Empereur. Nous attendons notre sort de Paris, dans l'espoir que le Gouvernement provisoire, en stipulant pour la France, obtiendra aussi des conditions qui assurent à la famille impériale un asile et des moyens d'existence. Il me tarde d'apprendre le sort de notre malheureuse patrie et celui de l'infortuné monarque dont la garde m'a été confiée. Cet état de choses peut encore durer plusieurs jours sans que notre position devienne meilleure, à moins que l'attitude de l'armée et de la Capitale n'en impose à l'ennemi et ne l'oblige à reconnaître le gouvernement du choix de la nation.

Comme nous sommes loin du théâtre des événements, il n'est guère possible de former une conjecture sur les

---

[1]. Rien ne donne une idée plus juste des impressions sous lesquelles on vivait à Rochefort à cette époque, que ces lignes tracées par le général Beker dans une lettre qu'il adressait le 6 juillet à sa famille.

dispositions des alliés envers la France. Je n'ai pour le moment d'autre désir que celui de voir l'Empereur en sûreté, et, si mes vœux s'accomplissent, je serai dégagé d'un grand sujet d'inquiétude.

Le Lieutenant général,
Comte BEKER.

Cet état de perplexité et d'inaction devenait à chaque instant plus critique par suite des événements qui se pressaient autour de Paris, quand une estafette apporta au général Beker la réponse du Gouvernement provisoire à sa dépêche de Niort.

DÉPÊCHE DU MINISTRE DE LA GUERRE AU GÉNÉRAL BEKER

Paris, 4 juillet 1815,

Général,

La Commission du Gouvernement vous a donné des instructions relativement au départ de France de Napoléon Bonaparte.

Je ne doute pas de votre zèle pour assurer le succès de cette mission.

Dans l'intention de la faciliter autant qu'il dépend de moi, je prescris aux généraux, commandant à la Rochelle et à Rochefort, de vous prêter main-forte, et de seconder de tous leurs moyens les mesures que vous aurez jugé convenable de prendre pour exécuter les ordres du Gouvernement.

Pour le Maréchal, ministre de la guerre,
Le conseiller d'État, secrétaire général,
Baron MARCHAND[1].

---

1. Le prince d'Eckmühl n'a visiblement voulu ni écrire cette lettre, qui ne rappelle en rien son style ordinaire, ni la signer.

LA COMMISSION DU GOUVERNEMENT AU GÉNÉRAL BEKER

Paris, 4 juillet, 1815,

Monsieur le Général Beker,

La Commission du Gouvernement a reçu la lettre que vous lui avez écrite de Niort, le 2 juillet. Napoléon doit s'embarquer sans délai.

Le succès de nos négociations tient principalement à la certitude que les puissances alliées veulent avoir de son embarquement et vous ne savez pas jusqu'à quel point la sûreté et la tranquillité de l'Etat sont compromises par ces retards.

Si Napoléon avait pris son parti de suite, nous avons sous les yeux un rapport du préfet maritime de Rochefort, où il est dit que le départ n'eût pas été impossible le vingt-neuf.

La Commission met donc la personne de Napoléon sous votre responsabilité.

Vous devez employer tous les moyens de force, qui seraient nécessaires, en conservant le respect qu'on lui doit.

Faites qu'il arrive sans délai à Rochefort et faites-le embarquer aussitôt. Quant aux services qu'il offre, nos devoirs envers la France et nos engagements avec les puissances étrangères ne nous permettent pas de les accepter, *et vous ne devez plus nous en entretenir*. Enfin la Commission voit des inconvénients à ce que Napoléon communique avec l'escadre anglaise. Elle ne peut accorder la permission qui est demandée à cet égard.

Signé : le duc d'OTRANTE, comte GRENIER, QUINETTE, CAULAINCOURT, duc de VICENCE, CARNOT.

Ces dépêches, qui ne pouvaient laisser aucun doute sur les tendances et les intentions du Gouvernement, redoublèrent les incertitudes de l'Empereur.

Étonné de ce que le général restait neutre dans toutes les questions et discussions qui avaient trait à son départ, en s'abstenant de toute réflexion faite à haute voix, Napoléon, attachant sur lui ses regards, lui dit :

Que pensez-vous de tout ceci, général Beker? tout le monde me donne ici des avis, excepté vous. — Je ne suis point en position de donner des conseils à Votre Majesté, lui répondit-il, parce que je vois qu'il y a diverses chances à courir. J'aurais à me reprocher l'influence de mes avis sur la résolution à prendre, si la direction que j'indiquerais, au lieu de conduire en Amérique, faisait tomber votre personne au pouvoir de ses ennemis. Le seul avis que je me permettrai de lui donner, c'est de prendre une prompte détermination, et d'exécuter ensuite le plus rapidement possible le projet auquel on aura donné la préférence. Le sort de la France étant malheureusement consommé, il faut s'attendre à ce que le Gouvernement envoie des agents à votre poursuite.

Dès lors, la scène change; mes pouvoirs, que je ne tiens que d'une commission provisoire, cessent, et Votre Majesté court de nouveaux dangers, dont il serait difficile de prévoir la suite.

L'émotion avec laquelle le général prononça ces dernières paroles produisit une vive impression sur l'esprit de l'Empereur, qui répondit en souriant :

Mais, Général, quoi qu'il arrivât, vous seriez incapable de me livrer.

— Votre Majesté sait, en effet, repartit le comte Beker, que je suis prêt à donner ma vie pour protéger son départ; mais en me sacrifiant je ne la sauverais pas.

Le même peuple qui se presse tous les soirs sous vos fenêtres et vous oblige à vous montrer à sa curiosité proférerait demain des cris d'un nouveau genre, si la scène venait à changer. Alors votre sûreté serait compromise, et les commandants des frégates, recevant des ordres des Ministres du roi Louis XVIII, méconnaîtraient les miens et rendraient votre salut impossible. — Eh bien! ajouta l'Empereur, puisqu'il en est ainsi, donnez l'ordre de préparer les embarcations pour l'île d'Aix.

Le Général arrêta sur-le-champ les dispositions nécessaires, dispositions d'autant plus faciles, que les mesures étaient assurées d'avance pour toutes éventualités. Avant de partir il informa le Gouvernement de cette décision par le rapport suivant :

RAPPORT DU GÉNÉRAL BEKER A LA COMMISSION DU GOUVERNEMENT

Rochefort, le 8 juillet 1815.

J'ai déjà rendu compte à la Commission du Gouvernement que l'Empereur, arrivé à Rochefort le 3 au matin, n'attendait qu'une circonstance favorable pour mettre à la voile. Mais les vents contraires et les croiseurs anglais, qui ont doublé leurs forces et leur vigilance, ne permettent à aucun bâtiment de sortir des pertuis.

Dans cet état de choses, Sa Majesté, ne recevant pas les passes-ports qu'elle attend et se voyant abandonnée à sa propre détermination, se rendra ce soir à l'île d'Aix pour se rapprocher des frégates, et se trouver en mesure de les aborder si les vents voulaient tant soit peu favoriser leur sortie.

Quant à la personne de l'Empereur que Votre Excellence met de nouveau sous ma responsabilité, par sa dépêche du 4 dernier, toutes les précautions sont prises pour garantir Napoléon contre les entreprises de ses ennemis.

Sa Majesté est ici au milieu d'un peuple reconnaissant pour les travaux qu'elle y a fait exécuter, et les sentiments des troupes de terre et de mer ne laissent rien à désirer sur leur respect pour leur ancien Souverain.

Quelque difficile que soit ma mission, sous le double rapport de mes obligations envers l'Empereur et envers le Gouvernement, je les remplirai, j'espère, à leur satisfaction respective, en prenant pour règle de conduite les principes avoués par l'honneur.

Signé : Le Lieutenant général
Comte BEKER.

Le général Beker traçait cette dépêche officielle au moment où l'étranger foulait le sol de la capitale, au moment où la France changeait de maître. Après avoir expédié ce message, il donna les derniers ordres.

Le soir même, au milieu d'une foule immense,

des voitures conduisirent l'Empereur et sa suite au bourg de Fourras, où il monta dans le grand canot de *la Saal* avec le Grand Maréchal comte Bertrand, le duc de Rovigo, le général Beker et le général Gourgaud.

Les autres personnes furent réparties sur des chaloupes, suivant le classement tracé d'avance pour éviter toute confusion, et l'on se dirigea vers la rade de l'île d'Aix. Mais au lieu de débarquer dans l'île, comme il en avait manifesté l'intention au moment de quitter Rochefort, Napoléon fit aborder la frégate *la Saal*, qu'il atteignit le huit juillet, à huit heures du soir, sous un beau ciel, mais avec un grand frais, qui incommoda plusieurs passagers, sans affecter sa personne.

On n'était point prévenu à bord, de sorte que la garde du navire eut à peine le temps de se mettre sous les armes pour lui rendre quelques honneurs militaires ; le canon ne salua pas son arrivée.

L'installation s'exécuta à la hâte, avec toute la confusion d'une surprise. La salle du conseil fut convertie pour l'Empereur en chambre à coucher dont le général Beker occupa lui-même, faute d'espace, un compartiment qui n'en était séparé que par une simple toile.

Les ombres de la nuit s'abaissèrent bientôt sur la frégate et redoublèrent, après les premiers moments d'agitation, l'angoisse et l'anxiété que faisait naître dans tous les cœurs l'imminence du dénouement encore inconnu qui allait décider du sort d'une si grande infortune.

9 juillet.

L'âme de Napoléon ne dut pas rester étrangère à l'inquiétude générale, car dès la pointe du jour il était levé ; il annonçait l'intention de se rendre à l'île d'Aix. Peu d'instants après, deux canots de *la Saal* portaient vers le rivage sa personne et sa suite.

Les sentinelles, dont les regards étaient sans cesse fixés sur les bâtiments de guerre, ont signalé l'approche de Sa Majesté, et officiers et soldats se précipitent vers la plage. L'Empereur se dirige aussitôt vers la ville : son escorte grossit à chaque pas ; les habitants de la cité lui font cortège à leur tour ; partout, sur son passage, éclatent des transports d'amour et d'enthousiasme, et, dans les rangs pressés de la foule, retentit le cri : *A l'armée de la Loire !...* En proie à une émotion bien marquée, Napoléon fend les flots de ce peuple que sa vue exalte, et gravit les degrés des forts qu'il se plait encore à faire passer sous les yeux. Il s'arrête devant les immenses travaux qu'il a fait exécuter sur la fin de son règne, tant pour protéger les bâtiments de guerre au mouillage, que pour favoriser le cabotage entre la Rochelle, Rochefort, et Bordeaux.

Dans cette revue, il était accompagné par toute la garnison, empressée à lui prodiguer les démonstrations de son dévouement. Il semblait encore dans la plénitude de sa puissance, distribuant aux officiers du génie et de l'artillerie les éloges qu'il croyait devoir leur adresser pour le parfait état de défense qu'ils avaient assuré à l'île.

Il passa devant le front du 14me régiment de marine rangé en bataille ; il commanda lui-même les manœuvres ; puis, escorté par la garnison toute entière, il regagna les canots.

De retour à bord de la frégate, l'Empereur y trouva le préfet maritime, M. le baron de Bonnafoux, qui attendait pour remettre au général Beker une dernière dépêche du Gouvernement provisoire, laquelle réitérait l'ordre d'accélérer le départ de Napoléon et autorisait à communiquer avec les Anglais.

DÉPÊCHE DU MINISTRE DE LA MARINE AU GÉNÉRAL BEKER.

Paris, 6 juillet 1815.

Général,

Vous trouverez ci-joint un arrêté du Gouvernement relatif au départ de l'Empereur, et qui est de nature à ce que je n'aie rien à ajouter aux dispositions qu'il contient.

Parvenez, je vous prie, à lui faire prendre sa détermination définitive le plus tôt possible.

Vous remarquerez que s'il veut aller à bord de la croisière anglaise ou directement en Angleterre, le préfet maritime de Rochefort reçoit ordre de mettre à sa disposition un parlementaire ; mais il est expressément recommandé que ce parlementaire ne soit expédié, pour le remettre à cette destination, qu'autant qu'il en aura fait la demande formelle par écrit. Il en est de même de son départ pour les États-Unis par un aviso, si on croit qu'il puisse réussir ; mais pour ce cas encore, il faut que l'Empereur fasse la demande par écrit.

Je vous adresse copie de la lettre que j'écris à ce sujet au préfet maritime de Rochefort. Les moindres retards peuvent avoir les suites les plus fâcheuses ; car qui peut répondre que ces dispositions, prises dans l'intérêt de sa sûreté personnelle, n'éprouveraient pas sous peu des contrariétés insurmontables ?

Signé : Duc DECRÈS.

P. S. Il est bien entendu que si le départ des deux frégates est possible, il n'est rien changé aux ordres précédemment donnés pour le conduire aux États-Unis par cette voie.

Paraphé : D. D.

COPIE DE LA DÉPÊCHE DU MINISTRE DE LA MARINE AU PRÉFET MARITIME

Paris, 6 juillet 1815.

Monsieur le Préfet maritime,

Il est de la plus haute importance que l'Empereur quitte le plus tôt possible le sol de la France.

L'intérêt de l'État et la sûreté de sa personne l'exigent impérieusement. Si les circonstances ne permettent pas qu'il parte sur les frégates, il sera peut-être possible à un aviso de tromper les croisières anglaises, et dans le cas où ce moyen lui conviendrait, il ne faut pas hésiter à en mettre un à sa disposition, pourvu qu'il puisse partir dans les vingt-quatre heures.

Si ce moyen ne lui convient pas, et qu'il préfère se rendre à bord des bâtiments de la croisière anglaise, il est invité à vous en adresser la demande formelle et positive par écrit, et, dans ce cas, vous mettrez sur le champ un parlementaire à sa disposition pour suivre celle des deux destinations qu'il aura demandée.

Il est indispensable qu'il ne débarque pas sur le territoire français, et c'est ce que vous ne pourrez trop prescrire au commandant du bâtiment sur lequel il se trouve ou sur lequel il passera. Je vous adresse un arrêté du Gouvernement qui vient d'être pris à ce sujet, et je l'adresse en même temps au général Beker.

Les dispositions qu'il contient sont telles que je n'ai rien à y ajouter.

Au surplus, je vous recommande de lever, en ce qui dépendra de vous, toutes les difficultés sur son départ. Je ne puis trop vous répéter que ce départ est de la plus grande urgence.

Cependant il ne devra partir sur un aviso, pour les États-Unis, ou par un parlementaire pour la croisière anglaise ou l'Angleterre même à son choix, qu'autant qu'il en fera la demande la plus positive par écrit, et cette restriction, dont le général Beker lui donnera connaissance, lui fera assez sentir qu'un des grands motifs de l'urgence de son départ se fonde sur l'intérêt de sa sûreté personnelle.

Si le parlementaire est envoyé, vous rédigerez l'ordre de son expédition suivant l'usage.

Je joins ici un extrait de l'arrêté de la Commission, que vous joindrez aux instructions dudit parlementaire pour lui servir de règle de conduite.

Cet extrait, vous le remettrez au commandant de l'aviso qui devra aller aux États-Unis, si l'Empereur choisissait ce parti.

Vous aurez soin de désigner, pour commander ces bâtiments, un bon officier qui sache allier la fermeté aux procédés les plus délicats.

Signé : Duc Decrès.

P. S. Il est bien entendu que si le départ des deux frégates est possible, il n'est rien changé aux ordres précédemment donnés pour le conduire aux État-Unis par cette voie.

Paraphé : D. D.

EXTRAIT DES MINUTES DE LA SECRÉTAIRERIE D'ÉTAT.
ARRÊTÉ DU GOUVERNEMENT PROVISOIRE

Paris, 6 juillet 1815.

Vu l'urgence des circonstances et le haut intérêt attaché à ce que Napoléon Bonaparte quitte sur-le-champ le territoire français, tant sous les rapports de sa sûreté personnelle que sous ceux de la raison d'État,

Arrête :

Art. 1ᵉʳ. Le Ministre de la marine réitèrera les ordres qu'il a donnés pour l'embarquement et le départ immédiat de Napoléon sur les deux frégates destinées à cette mission.

Art. 2. Si, par la contrariété des vents, la présence

de l'ennemi, ou par toute autre cause quelconque, le départ immédiat des deux frégates était empêché, et qu'il fût probable qu'on réussirait à effectuer le transport de Napoléon par un aviso, le Ministre de la marine donnera des ordres pour qu'il en soit mis un sans délai à sa disposition, sous condition que ledit aviso partirait dans vingt-quatre heures au plus tard.

Art. 3. Mais si, par les contrariétés que ce transport peut éprouver sur un aviso, Napoléon préférait être conduit immédiatement soit à bord d'une croisière anglaise, soit en Angleterre, le préfet maritime du cinquième arrondissement lui en donnera les moyens sur sa demande écrite, et, dans ce cas, il sera mis sur-le-champ à sa disposition un parlementaire.

Art. 4. Dans tous les cas, le commandant du bâtiment destiné à porter Napoléon ne pourra, sous peine de haute trahison, le débarquer sur aucun point du territoire français.

Art. 5. Si le commandant du bâtiment était forcé de relâcher sur les côtes de France, il prendrait toutes les mesures de sûreté nécessaires pour que Napoléon ne pût débarquer. Au besoin il requerrait les autorités civiles et militaires pour lui prêter main-forte.

Art. 6. Le général Beker, sous la responsabilité duquel ont été mises la garde et la personne de Napoléon, ne devra le quitter qu'en dehors des pertuis ; et si Napoléon a demandé à être transporté à bord de la croisière anglaise ou en Angleterre, il ne devra le quitter qu'après qu'il l'aura remis à bord de ladite croisière ou débarqué en Angleterre.

Art. 7. Tant que le général Beker sera à bord du bâtiment destiné au transport de Napoléon, le commandant dudit bâtiment sera à ses ordres et déférera à toutes réquisitions qui lui seront faites par ledit général relativement à l'objet de sa mission, et dans le sens du présent arrêté.

Art. 8. Le Ministre de la marine est chargé de l'exécution du présent arrêté et de sa transmission au général Beker, qui devra se conformer, en ce qui le concerne, aux dispositions qu'il renferme.

Signé : Le duc d'OTRANTE président, comte GRENIER, CAULAINCOURT, duc de VICENCE, CARNOT.

Par la Commission du Gouvernement, pour le secrétaire-adjoint au ministre secrétaire d'État,

Signé : QUINETTE.

Pour copie conforme :
Le Ministre de la marine et des colonies,
Signé : Duc DECRÈS.

Cet arrêté traçait minutieusement au comte Beker la ligne de ses devoirs.

Tous les pouvoirs étaient concentrés dans ses mains ; sur lui seul allait peser la responsabilité des mesures importantes auxquelles étaient attachées les destinées de l'Empereur et peut-être celles de la France.

Mais, dans cette dernière période comme dans les circonstances précédentes, Napoléon fut seul l'auteur de sa perte, par ses incertitudes et ses hésitations.

D'après les injonctions de ces dépêches qui ne permettaient plus de compter sur l'arrivée des passe-ports, qui interdisaient toute proposition contraire aux instructions qu'elles contenaient, une péniche fut expédiée pour l'île de Rhé, afin de connaître, par le résultat des signaux, le nombre des bâtiments anglais ainsi que les points de station dans les pertuis Breton et d'Antioche.

Sans arrêter aucune mesure, Napoléon, n'envisageant qu'avec une secrète aversion tout projet qui devait lui faire abandonner la terre de France en fugitif, croyant plus digne de lui d'aller réclamer l'hospitalité sur une plage ennemie, voulut s'assurer de l'accueil que lui feraient les Anglais, et résolut d'envoyer un parlementaire à bord de leur escadre.

L'arrêté du Gouvernement exigeant une demande par écrit, le Grand Maréchal adressa dans ce sens, au nom de l'Empereur, la lettre suivante :

LE GRAND MARÉCHAL COMTE BERTRAND AU GÉNÉRAL BEKER.

La Saal, le 9 juillet 1815.

Général,

L'Empereur me charge de vous demander d'envoyer un parlementaire à bord de la croisière anglaise, conformément aux instructions que vous avez reçues, pour savoir si les saufs-conduits demandés pour notre voyage aux États-Unis sont arrivés.

Signé : le Grand Maréchal
Comte BERTRAND.

Ce ne fut que sur un ordre écrit émanant du général Beker, que le capitaine Philibert consentit à mettre à cet effet un bâtiment léger à la mer.

10 juillet.

Sur ces entrefaites, l'aspirant chargé d'une reconnaissance le long des côtes revint à bord de la frégate, le 10 juillet, de grand matin. Son rapport confirma les craintes conçues sur la force de la croisière, et ne changea rien à l'irrésolution de l'Empereur dans le choix des partis qu'il devenait urgent de prendre lorsque les moyens maritimes étaient encore à sa disposition.

La démarche auprès des Anglais fut seule tentée, et le bâtiment des parlementaires cingla vers l'escadre ennemie.

Cette mission avait été confiée au duc de Rovigo et au comte de Las Cases. Ils devaient demander au commandant de la croisière *s'il avait reçu les saufs-conduits que le Gouvernement provisoire avait espéré obtenir pour le passage de l'Empereur aux États-Unis. Ils revinrent à 2 heures du soir avec l'assurance qu'aucun ordre particulier concernant Sa Majesté n'avait été adressé aux croiseurs anglais; que, si elle adoptait le parti de se rendre à leur station, le commandant serait flatté de la recevoir.*

Cependant, ajoutait-il, la proposition étant d'une nature extraordinaire et de la plus haute importance, il se croyait obligé d'en référer à son amiral, en croisière dans la baie de Quiberon; il lui fallait trois ou quatre jours pour obtenir ses instructions. Tout bâtiment neutre devait être visité ; tout navire qui voudrait forcer le passage, attaqué et coulé bas.

Le résultat de ces démarches parut peu propre à faire naître et à entretenir des conjectures favorables à la position de l'Empereur si, pour dernière ressource, il était obligé de se livrer à l'ennemi : on revint alors aux tentatives d'évasion déjà discutées ; on songea de nouveau à s'embarquer sur un bâtiment léger, dont la sortie, par des voies obliques, pouvait offrir quelques chances de succès.

Les difficultés croissaient à chaque instant. La surveillance des Anglais, tenue en éveil depuis l'envoi des parlementaires, allait devenir plus sévère, car le vaisseau *le Bellérophon* n'avait pas tardé à se rapprocher des côtes, et, dans la soirée de ce jour, à s'embosser dans la rade des Basques. Le passage était donc désormais fermé aux deux frégates ; il fallait encore renoncer à un moyen de salut ouvert jusqu'alors, à moins qu'un grand acte de courage et d'héroïsme n'annulât la disposition des forces. Ces périls, toujours croissants, exaltèrent en effet le patriotisme du capitaine Poné, commandant *la Méduse*.

Il offrit de se dévouer lui et son équipage. La frégate devait, pendant la nuit, à la faveur des ténèbres, attaquer *le Bellérophon*, le saisir à l'ancre, s'attacher à ses flancs et soutenir avec lui un combat inégal, sans doute fatal pour *la Méduse*; tandis que *la Saal*, profitant de la brise qui règnerait après le coucher du soleil et des avaries qu'une pareille lutte aurait fait subir au vaisseau anglais, aurait franchi les passes, et, emportant César et sa fortune, aurait pu atteindre l'Amérique.

Mais la répugnance du capitaine Philibert d'accéder à un projet aussi aventureux, qui mettait en danger des navires placés sous sa responsabilité, l'éloignement de Napoléon lui-même pour une tentative qui exigeait le sacrifice de tout un équipage pour sa personne, firent rejeter un dessein, digne néanmoins d'être consigné dans les fastes de notre marine.

11 juillet.

La nécessité de prendre un parti devenait de plus en plus imminente; l'on songea au capitaine Baudin, déjà désigné à Rochefort par le vice-amiral Martin. Le 11 juillet, le général Lallemand fut envoyé sur une péniche à bord de la corvette *la Bayadère,* en rivière de Bordeaux, pour reconnaître la possibilité de se rendre à cette destination, soit par terre, soit par mer, en suivant les marées, pour savoir enfin si le capitaine était en état de conduire et d'exécuter une pareille entreprise. On devait attendre le retour du général Lallemand avant de prendre une résolution ultérieure.

Les conférences se poursuivaient toujours avec des chefs de bâtiments nationaux et neutres. Plusieurs propositions furent échangées, principalement avec le capitaine danois, M. Besson, qui tenait son navire disponible, mais qui ne pouvait admettre une suite dont le nombre aurait trahi la présence de l'Empereur.

Les journées s'écoulaient ainsi en pourparlers, en conseils, sans qu'aucune résolution fût adoptée.

A bord de *la Saal* se répétaient les incertitudes signalées à Rochefort et à la Malmaison. Cet affaiblissement d'énergie et d'activité ne doit point surprendre; car les souffrances physiques auxquelles Napoléon était en proie durent amortir la vigueur de son esprit et de son caractère.

Ainsi qu'il a été dit, le général Beker occupait un compartiment qui n'était séparé de la chambre à coucher de l'Empereur que par une simple toile [1];

1. A bord de *la Saal*, l'Empereur ayant appris que le général Beker manquait de linge lui avait offert le sien.

il pouvait donc saisir sans peine les moindres mouvements de Napoléon.

Souvent il entendait les plaintes que lui arrachait une infirmité douloureuse qui le tourmentait déjà à Waterloo, puisque, dans cette fatale journée, elle ne lui permit pas de se porter avec son activité habituelle sur les divers points du champ de bataille.

12 juillet.

Sur ces entrefaites, arrivèrent, le 12, de grand matin, les journaux français du 7 et du 8 juillet, qui annonçaient la dissolution du Gouvernement provisoire et des deux Chambres, l'entrée des Alliés dans la capitale, les proclamations du roi Louis XVIII et son rétablissement aux Tuileries.

Ces nouvelles produisirent une sensation profonde sur l'esprit de l'Empereur et de ceux qui l'entouraient.

La position était devenue plus précaire que jamais; le général Beker fit sentir à Sa Majesté l'urgence d'une détermination prompte et décisive, pour soustraire sa personne aux dangers inévitables qui la menaceraient désormais.

Napoléon était bien convaincu de cette nécessité; il fit embarquer une partie de sa suite à bord du brick *l'Empereur* et de la goëlette *la Sophie* avec les gros bagages, en manifestant l'intention de se rendre à la croisière anglaise.

Toutefois, une vague espérance l'attachait au rivage, il voulut attendre encore ; dans ces moments si critiques, la frégate ne lui offrait plus assez de sécurité. L'île d'Aix, dont il se rappelait les transports, était à ses yeux un asile plus certain ; il y débarqua dans la matinée avec les principaux personnages de sa suite. Le général Lallemand pouvait d'ailleurs apporter d'un instant à l'autre des avis plus favorables que ces délais permettraient de suivre.

Le dévouement des troupes éclata avec le même élan d'enthousiasme, à la vue de leur ancien souverain, qui venait chercher un refuge sur le rocher confié à leur garde.

Napoléon alla occuper la maison du Génie militaire, où il prit quelques heures de repos, et où il reçut à son réveil tout le corps des officiers, avec la même bienveillance, avec le même intérêt qu'au temps de sa puissance.

Cette journée s'écoula, comme les précédentes, dans l'attente des événements.

13 juillet.

Cet état de perplexité durait encore le lendemain matin, lorsqu'arriva le prince Joseph pour confirmer l'accomplissement des changements survenus à Paris, et pour déterminer son frère à s'attacher à un parti quelconque, avant que les ordres des ministres du Roi ne vinssent mettre l'embargo sur les bâtiments de l'État, et rendre tout moyen de salut impraticable.

Pendant cette conférence entre les deux frères, le général Lallemand revint de sa mission, et en exposa le résultat dans les termes suivants à l'Empereur :

La corvette *la Bayadère* était toujours à ses ordres dans la rivière de Bordeaux, alors moins surveillée par les Anglais que ne l'étaient les passages des pertuis. Le capitaine Baudin était parfaitement armé, équipé, approvisionné, et se faisait fort de conduire l'Empereur au bout du monde.

Indépendamment de ce mode de transport, on pouvait monter un bâtiment américain en partance pour les États-Unis, et dérober le départ aux croiseurs anglais.

Quoique cette combinaison d'une évasion à bord de *la Bayadère* fut véritablement la meilleure, suivant l'opinion des officiers de marine, déjà consultés à ce sujet pendant le séjour de Rochefort, elle ne fut cependant pas adoptée, parce qu'il fallait entrer dans la rivière la Sentre et parcourir ensuite quatre lieues dans les terres, depuis la Tremblade jusqu'à Royan, afin d'éviter de doubler le cap de Mœmusson, qui allongeait la navigation, sans diminuer les périls qu'entraînait la direction de cette ligne. Outre cette considération, le drapeau blanc flottait déjà au-dessus de la contrée qu'il fallait traverser, ce qui rendait ce passage dangereux pour la sûreté de Napoléon, et pouvait faire échouer complètement le seul projet jugé praticable par les marins. On renonça donc définitivement à la protection de *la Bayadère*, et le roi Joseph, après avoir adressé un dernier adieu à son frère, retourna le même jour à Rochefort.

Dans l'intervalle, une proposition hardie et généreuse avait été soumise au Grand Maréchal comte Bertrand par M. Genty, lieutenant de vaisseau.

Deux petits bâtiments de cabotage mouillaient dans la rade de l'île.

Le lieutenant s'offrait, avec quelques officiers du 14me régiment de marine, à équiper et à monter ces navires, pour y recevoir l'Empereur et sa suite.

L'obscurité de la nuit permettrait de fuir inaperçus devant la croisière anglaise, en longeant les côtes jusqu'à la hauteur de la Rochelle, pour, de là, gagner la pleine mer. Comme une navigation de long cours était impossible à des constructions aussi frêles, on devait forcer à prix d'argent le premier bâtiment de commerce qui serait rencontré à prendre à son bord l'Empereur et les siens, et à se diriger vers les États-Unis.

Ce projet fut aussitôt approuvé et agréé, d'autant plus facilement, qu'on pouvait faire concourir ce plan avec celui du capitaine danois.

Les deux navires furent achetés pour le compte de l'Empereur ; tous ceux qu'il fallut initier au secret rivalisèrent de zèle pour en presser l'armement. Les frégates fournirent une partie du grément nécessaire. Tout fut disposé pour le départ, qui devait enfin s'effectuer dans la nuit du 13 au 14 juillet.

A onze heures du soir, les deux chasse-marées commandés et servis par des officiers et sous-officiers de marine étaient à la voile, déjà chargés d'une portion des effets précieux. La majeure partie de la suite devait être répartie sur leur bord, tandis que Napoléon devait monter le bâtiment danois, accompagné seulement de son fidèle Grand Maréchal, des généraux duc de Rovigo, Lallemand, Gourgaud et de M. Marchand. Les ordres relatifs à l'embarquement étaient exécutés : ce projet, qui paraissait être le dernier, semblait près de s'accomplir.

Mais, autour de l'Empereur, les préparatifs de départ avançaient avec moins de célérité : des scènes de confusion et de douleur agitaient sa maison. Les périls de l'entreprise, la répartition des diverses personnes de la suite sur les bâtiments, que le moindre événement pouvait isoler les uns des autres, avaient jeté l'effroi dans beaucoup d'esprits. Les dames ne voulaient pas être séparées de leurs maris, et le dépit de ceux qui ne devaient point suivre Napoléon ajouta encore à toutes ces rumeurs.

Tel était l'aspect de cette nuit d'inquiétude, lorsque le capitaine fit avertir que tout était disposé pour recevoir l'Empereur. Le général Beker monta aussitôt dans l'appartement de Sa Majesté, et lui dit : *Sire tout est prêt, le capitaine vous attend.* Il se retira, persuadé que le départ aurait lieu immédiatement.

Cependant, un intervalle assez long s'écoulait ; le général, s'adressant au Grand Maréchal, le pressa d'instruire encore une fois Sa Majesté des dangers qu'entraînait un plus long retard.

Au moment où le comte Bertrand allait réitérer ce dernier avis, Napoléon, entendant le mouvement des allées et des venues, frappé par le bruit des sanglots et des gémissements que la douleur arrachait aux personnes qui ne pouvaient l'accompagner, soit qu'il cédât à l'impression de tristesse manifestée autour de lui, soit qu'il craignît de se mettre à la merci d'un équipage étranger ou qu'il se défiât du succès d'une tentative aussi aventureuse, chargea le Grand Maréchal de dire qu'il renonçait à ce moyen de salut, et qu'il passerait le reste de la nuit à Aix.

D'ailleurs, les sympathies de ses compagnons d'infortune pour la terre d'Angleterre, l'espoir d'une honorable réception qu'ils se flattaient d'y obtenir, enfin la crainte d'être faits prisonniers dans une traversée de long cours, leur avaient toujours fait préférer l'hospitalité anglaise à un passage en Amérique.

L'un des personnages placés jadis dans les conseils intimes de l'Empereur s'était même adressé au général Beker, pour l'engager à conseiller à Sa Majesté « de renoncer à tous ces moyens pré« caires d'évasion, et de s'abandonner à la géné« rosité du régent de la Grande-Bretagne. Il « ajouta que le peuple anglais serait sans doute « flatté de posséder sur son sol le plus noble de « ses ennemis, et l'accueillerait avec tous les « honneurs dus à son nom ». Le comte Beker rejeta vivement une proposition qu'il n'approuvait pas, et qui, s'il l'eût accepté, l'eût fait sortir du rôle de neutralité passive qu'il avait adopté pour règle de conduite; il se serait reproché toute influence, quelqu'indirecte qu'elle pût être, sur les décisions de Sa Majesté l'Empereur.

14 juillet.

Le jour allait paraître; l'instant propice à la

fuite avait passé. Les négociations furent alors renouées avec l'amiral anglais. Il fut arrêté de nouveau que le comte Las Cases et le général Lallemand se rendraient, en parlementaires, à la station ennemie, « pour connaître la réponse aux
« ouvertures déjà faites par les premiers plénipo-
« tentiaires, relatives à l'admission de l'Empereur
« et de sa suite en Angleterre. On ne doutait pas
« que l'accueil ne fût conforme au rang de celui
« qui sollicitait un asile, et digne de la grande
« nation à laquelle le nouveau Thémistocle de-
« mandait l'hospitalité. »

Les deux envoyés, partis à quatre heures du matin, étaient de retour à midi et rendaient compte à l'Empereur du résultat de leur mission. Le capitaine Maitland, commandant *le Bellérophon*,
« avait reçu des ordres de son Gouvernement
« d'après lesquels il était autorisé à accueillir
« Napoléon et sa suite, si la demande lui en était
« faite, et à le traiter avec tout le respect et tous
« les égards dus au rang qu'il avait occupé; mais
« il ne garantissait pas à Sa Majesté l'envoi des
« saufs-conduits pour son passage de l'Angleterre
« aux États-Unis. »

Les termes de ce rapport n'étaient pas de nature à rassurer complètement sur les dispositions du cabinet de Saint-James.

Un conseil fut convoqué immédiatement pour

discuter toutes les chances des partis qui restaient à prendre.

Une nouvelle proposition était soumise par le capitaine danois. Il pouvait encore cacher à son bord l'Empereur s'il se confiait à sa loyauté, avec une seule personne de sa suite, quel que fût son rang. Il promettait de les soustraire aux investigations des Anglais. Le général Lallemand « pres« sait Sa Majesté de ne consulter que son salut « personnel, de choisir autour d'elle celui qui lui « inspirerait le plus de confiance ; si elle l'hono« rait de son choix, il lui servirait de secrétaire, « de valet de chambre ».

Mais les mêmes motifs qui avaient fait renoncer Napoléon aux tentatives de la nuit précédente parurent agir sur son esprit, et il rejeta encore cette dernière voie de salut.

Il ne restait plus qu'à invoquer la générosité anglaise, et à réclamer au foyer britannique un asile que toute nation eût dû être fière d'offrir. Il devait appartenir à l'Angleterre de ressusciter la foi punique.

Ce fut sous l'empire d'un sentiment de loyauté et de confiance que, la veille, Napoléon écrivait au prince régent cette lettre sublime que ses ennemis devaient admirer, mais qui ne devait pas modifier leur politique inflexible.

LETTRE DE NAPOLÉON AU PRINCE RÉGENT.

Rochefort, le 13 juillet 1815.

Altesse Royale,

En butte aux factions qui divisent mon pays, et à l'inimitié des plus grandes puissances de l'Europe, j'ai terminé ma carrière politique, et je viens, comme Thémistocle, m'asseoir au foyer du peuple britannique.

Je me mets sous la protection de ses lois, que je réclame de Votre Altesse Royale, comme celle du plus puissant, du plus constant et du plus généreux de mes ennemis.

Signé: NAPOLÉON

A quatre heures du soir, le comte de Las Cases, accompagné du général Gourgaud, portait cette lettre à bord du *Bellérophon* et annonçait au capitaine Maitland l'arrivée de l'Empereur, qui, le lendemain, devait se mettre sous sa protection.

Malgré sa répugnance à se livrer à son ennemi le plus acharné, malgré la perspective d'un sinistre avenir, Napoléon préféra ce dernier parti à tous les moyens secondaires, qui pouvaient présenter quelques chances de succès.

S'il avait voulu se dégager de sa nombreuse suite pour monter *la Bayadère*, avec deux ou trois officiers seulement, ou se confier aux neutres américains et danois, il est probable qu'il serait parvenu à s'échapper. Déjà, durant son séjour à la Malmaison, il avait refusé l'offre que le Ministre de la marine, M. le duc Decrès, était venu lui soumettre, au nom d'un capitaine américain dont le navire, en partance au Havre, l'aurait conduit aux États-Unis. Mais alors son abdication était trop récente, il conservait toujours l'espoir d'une meilleure fortune.

Toutes ces tentatives amenaient, il est vrai, le grave inconvénient de le priver des avantages attachés à sa magnanime résolution, s'il fût tombé au pouvoir de l'ennemi, avant d'atteindre l'Amérique. Ce n'est qu'après avoir pesé tous les moyens d'évasion proposés jusqu'au dernier moment qu'il s'est enfin livré à la merci des Anglais.

Devant lui, s'ouvrait aussi, depuis son abdication, tout le vaste champ d'une guerre civile. Il connaissait toute la puissance de son nom sur les populations. Il aurait pu, jusqu'à la fin, rentrer dans l'intérieur des terres, accourir à l'armée de la Loire, appeler à lui tous les régiments disséminés dans cette partie de la France. Sa voix ne serait pas restée sans écho; les cœurs eussent encore tressailli à ses nobles accents, et une lutte, dont l'issue et la durée étaient incertaines pour ses adversaires, eût pu s'engager sur ce terrain.

Mais toujours Napoléon recula devant les guerres intestines ; jamais il ne consentit à être pour son pays un élément de discorde. Il a voulu donner lui-même à la France et à l'Europe un témoignage éclatant de sa renonciation aux affaires publiques et de son désintéressement, dans ces belles paroles qu'il adressa au général Beker, la veille de son départ, en lui faisant remettre la copie de sa lettre au Prince Régent d'Angleterre :

Puisque je suis un obstacle à la paix de l'Europe, je ne puis lui donner une plus grande preuve de ma condescendance à ses désirs, qu'en me livrant à la puissance qui dirige la politique du continent.

C'est à la postérité qu'appartient désormais le jugement de la conduite des Souverains envers la France. — En continuant la spoliation de notre patrie, ils seront condamnés par leurs propres manifestes; et les monuments historiques que ces grandes catastrophes transmettront aux générations à venir fixeront l'opinion des siècles futurs sur la grandeur de mes entreprises.

Que la paix de l'Europe devienne donc le gage de ma renonciation au trône de France. Que l'Empereur Alexandre soutienne ce caractère de grandeur et de magnanimité qui le distingue dans les circonstances mémorables de son règne ; qu'il n'oublie pas que, dans la position où se trouve l'Europe, le repos de la Russie dépend de la conservation de l'ancienne France; enfin que les Souverains qui règlent maintenant le sort des nations remplissent leurs engagements, et mes vœux seront accomplis.

Napoléon termina en annonçant au général l'intention de quitter l'île le lendemain, à la pointe du jour.

En conséquence, le comte Beker transmit ses ordres au capitaine Philibert, et lui enjoignit de mettre, à l'heure désignée, le brick *l'Épervier* en état de recevoir l'Empereur et sa suite.

15 juillet.

Dès l'aurore, le commandant des frégates instruisait, en ces termes, le comte Beker de l'exécution des dispositions arrêtées.

LE CAPITAINE PHILIBERT AU GÉNÉRAL BEKER

Saal, rade de l'île d'Aix, le 15 juillet 1815.

Mon Général,

J'ai l'honneur de vous adresser la lettre que je viens de recevoir du préfet maritime.

Je vous prie de la communiquer sur-le-champ à l'Empereur, qui verra combien il est urgent qu'il ne perde pas une minute pour s'embarquer. J'ai ordonné toutes les dispositions nécessaires pour cela, tant pour le brick que pour les embarcations qui sont rendues à terre.

Le Capitaine de vaisseau,
Commandant PHILIBERT.

P. S. Je vous prie de me renvoyer par l'officier porteur la lettre du Préfet.

Le soleil du 15 juillet se leva enfin pour éclairer le dernier jour de l'existence politique de l'Empereur. A trois heures du matin, les voiles de *l'Épervier* étaient déployées en face de l'île.

Napoléon, coiffé du petit chapeau, revêtu de l'habit vert de colonel des chasseurs de la garde impériale, l'épée au côté, entra dans le canot, suivi de tous ses officiers en grand uniforme, et bientôt après on atteignit le brick.

Le général Beker, qui l'avait accompagné jusque sur le pont du bâtiment, s'approcha de lui et lui demanda respectueusement si *Sa Majesté désirait qu'il la suivît jusqu'au* Bellérophon *conformément aux instructions du Gouvernement*. Dans ce moment suprême, l'Empereur, dont l'infortune n'avait pu altérer la sagacité et la profondeur d'esprit, qui, au milieu de ses malheurs, veillait à la gloire de la France, répondit vivement :

N'en faites rien, Général, on ne manquerait pas de dire que vous m'avez livré aux Anglais. Comme c'est de mon propre mouvement que je me rends à bord de leur escadre, je ne veux pas laisser peser sur la France le soupçon d'un tel affront.

Ce nouveau trait de grandeur d'âme ne permit pas au comte Beker de proférer une seule parole, il fondit en larmes. En cet instant, l'Empereur, empressé de lui donner un témoignage public de sa haute satisfaction pour la noblesse de sa conduite à son égard, lui dit :

Embrassez-moi, Général, je vous remercie de tous

les soins que vous avez pris de moi ; je regrette de ne pas vous avoir connu plutôt d'une manière aussi particulière, je vous aurais attaché à ma personne. Embrassez-moi, Général, adieu.

Les sanglots étouffaient la voix de celui qui, en étreignant dans ses bras son illustre, Souverain qu'il ne devait plus revoir, ne put laisser échapper que ces mots : *Adieu, Sire soyez plus heureux que nous.*

Tous les témoins de cette scène déchirante, où le général Beker recevait la dernière accolade du grand homme, versaient des larmes ; l'Empereur seul demeurait calme et impassible dans ce choc de toutes les adversités.

Plongé dans l'affliction, le comte Beker quitta le brick et se dirigea vers *la Saal*, pour y attendre le retour du bâtiment et connaître la réception faite à Napoléon à bord du vaisseau de la Grande-Bretagne.

Du haut de la frégate, ses yeux suivaient dans le lointain les traces du navire qui portait tant de grandeur et d'infortune.

Après quelques heures d'attente, il vit revenir le brick, et reçut du Grand Maréchal comte Bertrand une lettre qui l'instruisit de l'accueil fait à Sa Majesté.

LE GRAND MARÉCHAL COMTE BERTRAND AU GÉNÉRAL BEKER.

15 juillet 1815.

Mon cher Général,

Nous sommes arrivés à bord des Anglais ; nous n'avons qu'à nous louer de l'accueil que nous y avons reçu et à vous remercier de la bonne garde que vous nous avez faite. — Je vous prie de faire connaitre à Madame, à la princesse Hortense, qui doivent être du côté de Paris, que l'Empereur se porte bien.

Veuillez en instruire également le prince Joseph, qui doit être du côté de Rochefort.

Je vous ai remis la copie de la lettre que l'Empereur a écrite au Prince Régent. Je n'ai pas besoin de vous recommander de ne la communiquer à personne avant quinze jours au moins.

Vous sentez combien il serait inconvenant qu'elle fût connue avant que les journaux anglais l'eussent publiée.

Conservez-moi, mon cher Général, un bon souvenir, et veuillez agréer la nouvelle assurance de mes sentiments affectueux et de considération.

BERTRAND.

L'officier du brick dépeignit l'attitude respectueuse de l'état-major et de l'équipage anglais, le silence religieux qui avaient présidé à l'installation de l'Empereur sur *le Bellérophon*.

Le cœur navré de douleur du grand événement qui venait de s'accomplir sous ses yeux, le général retourna à Rochefort. Il adressa au Ministre de la guerre une dernière dépêche et l'informa que sa mission s'était terminée le 15 juillet, à 3 heures du matin, en rade de l'île d'Aix.

DÉPÊCHE DU GÉNÉRAL BEKER AU MINISTRE DE LA GUERRE [1]

Rochefort, le 15 juillet 1815, 11 heures du soir.

Monseigneur,

J'ai l'honneur d'informer Votre Excellence que la mission dont m'avait chargé le Gouvernement provisoire pour accompagner l'Empereur jusqu'à Rochefort a été terminée aujourd'hui en rade de l'île d'Aix, à trois heures du matin.

Sa Majesté, convaincue de l'impossibilité de sortir sur les bâtiments de guerre pour se rendre aux États-Unis, dédaignant, en outre, les moyens secondaires qui pouvaient favoriser son passage en Amérique, a pris la noble résolution d'écrire à son Altesse Royale le Prince Régent d'Angleterre, pour lui demander l'hospitalité.

En conséquence de cette détermination, l'Empereur s'est rendu à bord du vaisseau anglais, *le Bellérophon*, capitaine Maitland, qui, en vertu des ordres qu'il a reçus de son Gouvernement, a fait à Sa Majesté l'accueil digne du haut rang qu'elle a occupé parmi les Souverains de l'Europe.

Si Votre Excellence le désire, j'aurai l'honneur de lui faire, à mon arrivée à Paris, un rapport plus détaillé sur l'exécution des ordres qui m'étaient confiés. Je me borne, ce soir, à confirmer l'installation de Napoléon

---

1. Le Ministre de la guerre d'alors était le Maréchal Gouvion Saint-Cyr.

à bord de l'escadre anglais, et son départ pour la Grande-Bretagne, qu'il a effectué en renouvelant ses vœux pour le rétablissement de la paix et l'indépendance de notre patrie.

Signé : Le Lieutenant général,
Comte BEKER.

Le général Beker avait passé vingt et un jours auprès de la personne de Napoléon. Toujours plein de déférences pour ses moindres désirs, il avait obtenu une confiance illimitée. Il n'agissait que, suivant ses ordres, il ne recevait aucune nouvelle, aucune instruction sans les lui communiquer aussitôt. On l'a vu tantôt allant plaider la cause de Napoléon au sein de la Commission exécutive, malgré les injonctions contraires qu'elle lui avait adressées; tantôt traçant dans ses dépêches officielles les vœux et les paroles de l'Empereur lui-même. Si, dans le principe, le général avait accepté avec douleur cette mission délicate, bientôt la certitude des services que sa position lui permettrait de rendre à l'Empereur enchaîna son dévouement.

Pendant trois semaines, presque en permanence auprès de Napoléon, puisqu'il avait l'honneur de dîner tous les jours à sa table, excepté pendant les courts instants qui réunirent les deux frères, à Rochefort et à l'île d'Aix, le général peut observer le souverain détrôné dans toutes les phases d'une situation cruellement critique. Mais jamais il ne lui fut donné de pénétrer dans les replis de cette grande âme, de deviner le caractère des sensations, et encore moins les pensées secrètes de cet homme extraordinaire. C'était un spectacle à la fois douloureux et sublime que cette lutte où le génie, tombé du faîte de la puissance, apparaissait aux prises avec l'adversité. Calme et résigné comme à l'époque de sa plus grande splendeur, Napoléon n'avait rien perdu de cette aménité qui faisait le charme de ses conversations familières ; il ne semblait nullement préoccupé du sort que lui réservait l'avenir.

Affable envers les personnes qui l'approchaient, il avait pour tous des encouragements et des conseils utiles dans ces tristes circonstances.

Il subissait sa destinée, sans manifester ni émotion, ni abattement, sans proférer une plainte contre ceux qui l'avaient abandonné dans ses malheurs.

Une seule fois, à Rochefort, il ne peut contenir une impression douloureuse; les journaux venaient de lui apprendre la capitulation de Paris ; il jeta la feuille sur un guéridon et rentra dans ses appartements.

L'irrésolution de l'Empereur, pendant ce voyage, peut exciter la surprise ; mais s'il a été lui-même, par ses incertitudes, un obstacle à son évasion, c'est qu'il ne pouvait se résoudre à quitter la France en fugitif, à s'échapper en proscrit.

Le sentiment de sa dignité dominait dans tous ses actes ; son attitude, toujours empreinte de noblesse, ne cessa d'être en harmonie avec sa position.

Lui seul s'est montré grand dans la tempête qui l'avait précipité du trône.

CHAPITRE V

Le général Beker avait satisfait à son devoir envers l'honneur et envers la France. Il reprit le chemin de la capitale, pour rendre au Gouvernement un compte verbal des événements qui avaient signalé le cours de sa mission.

On se rappelle l'incident survenu à St-Maixent. Le comte Beker, à son passage dans cette ville, apprit, par l'officier municipal qui visa son passeport, que la calèche avait été fort heureuse de précipiter son départ, et de se dérober au rassemblement tumultueux qui, une fois formé, pouvait se porter à quelques excès, ou créer des obstacles qui auraient isolé l'Empereur au milieu de la Vendée. Le général remercia l'officier du zèle qu'il avait déployé dans cette circonstance, et poursuivit sa route jusqu'à Orléans, dans la voiture de voyage dont Napoléon se servait aux armées, et qu'il lui avait donnée lors de leur séparation.

Un poste de Prussiens, établi aux portes de cette ville, ne permettait pas de délivrer des chevaux aux voyageurs, sans l'autorisation du général commandant.

Celui-ci ayant eu connaissance de l'arrivée du commissaire chargé d'accompagner Napoléon à Rochefort, l'envoya prendre par un officier d'ordonnance, et le fit amener dans son hôtel. Pendant ce temps, le commandant prussien annonçait, par une dépêche, au feld maréchal Blücher la capture qu'il venait de faire, capture qu'il regardait comme assez importante pour faire escorter son prisonnier jusque dans la capitale.

Un aide de camp se plaça dans la voiture, et le général Beker arriva de la sorte chez le général Muffling, gouverneur de Paris.

Ce dernier était dans un étonnement extrême; il ne pouvait croire que l'Empereur se fût livré lui-même aux Anglais; il accablait son interlocuteur de questions, auxquelles celui-ci se défendit souvent de répondre; il voulait même faire conduire le général chez le duc de Wellington pour informer Son Excellence de cette nouvelle extraordinaire.

Néanmoins, le gouverneur prussien, appréciant les motifs qui ne permettaient au comte Beker de rendre compte de sa mission qu'à son Gouvernement, lui rendit la liberté qui lui était si

17

nécessaire pour se remettre de tant de fatigues.

Dégagé des entraves qui avaient arrêté sa marche, le général Beker se rendit chez le nouveau ministre de la guerre, le maréchal Gouvion-Saint-Cyr, chez le prince Talleyrand et chez le duc d'Otrante, pour leur confirmer les termes du rapport qu'il avait expédié de Rochefort sur l'accomplissement des destinées de l'Empereur.

Toute sa conduite fut approuvée par le Conseil des ministres.

On ne savait pas encore comment la Sainte-Alliance disposerait de la personne de Napoléon. Ce fut chez le marquis de Jaucourt, alors ministre de la marine, que le Général eut connaissance des dispositions arrêtées à cet égard. Un des chefs de l'amirauté anglaise vint annoncer que les souverains alliés avaient résolu de faire transporter Napoléon à Sainte-Hélène, pour y être détenu sous la garantie et sous la protection des empereurs de Russie, d'Autriche et du roi de Prusse.

Cette nouvelle, éclatant subitement dans Paris, y répandit l'étonnement et le deuil.

On se demandait partout quel traitement plus cruel eût pu être infligé à l'illustre captif dans le cas où il eût été saisi en pleine mer.

La présence de celui qui avait été initié aux derniers actes de l'Empereur, qui avait reçu sa dernière accolade, excitait dans les salons de Paris un vif intérêt.

Le comte Beker ne pouvait qu'avec peine se soustraire à cette curiosité universelle. Il dînait chez le duc d'Otrante, alors ministre de la police, qui prêtait une vive attention au récit que le général lui faisait de son voyage avec l'Empereur, lorsque le Ministre, dans un moment d'épanchement, arrêta la conversation sur les négociations secrètes qu'il avait liées avec le prince de Metternich, au sujet de l'abdication de Napoléon et de la reconnaissance du roi de Rome.

En présence d'un autre membre de la Chambre des représentants, il assura que le Prince n'avait exigé que l'abdication de l'Empereur, formulée en peu de mots : « *tout, excepté l'Empereur.* »

Frappé de cette disposition de la cour de Vienne, le général dit au duc d'Otrante : « Pourquoi, monsieur le Duc, n'avez-vous pas signalé ces mémorables paroles aux deux Chambres? Vous saviez pourtant que si la France, après une année d'expérience, pouvait n'être plus disposée à sacrifier son avenir à la conservation d'un homme, elle pouvait du moins nourrir encore des sympathies pour son fils. » Le Ministre s'aperçut qu'il s'était trop avancé dans ses révélations, il détourna la conversation et rentra dans les grands appartements encombrés par les notabilités politiques et militaires de l'Europe.

Paris était alors un affligeant théâtre. La douleur de ceux qui portaient le deuil de leur pays envahi contrastait avec la gaîté dont les accès bruyants se manifestaient dans le jardin des Tuileries.

Là, dans des chants injurieux, outrageant la mémoire de l'Empereur, dansaient sous les fenêtres du Roi, avec des soldats étrangers, des femmes qui avaient tout renié, jusqu'à la gloire de leur patrie.

Ce spectacle, qui scandalisait même les officiers des armées alliées, produisit une impression bien pénible sur l'esprit du général Beker, qu'attristaient d'autres souvenirs encore si récents.

Il avait consacré quelques jours à la capitale, il eut hâte de s'en éloigner.

Il alla demander au Ministre de la guerre, son ancien ami, l'autorisation de rentrer dans ses foyers.

Le Maréchal avait rendu compte au Roi de la manière dont le comte Beker avait rempli sa mission : il proposa au général, au nom de Louis XVIII, le commandement d'une division militaire.

Cette proposition, toute honorifique et toute flatteuse qu'elle paraissait être à celui qui la recevait, ne convint pas néanmoins à son caractère, il remercia le Ministre de ses offres en ajoutant que, la moitié de la France étant occupée par les armées étrangères et l'autre moitié livrée aux discordes intestines, il ne se sentait pas la force nécessaire pour faire exécuter les ordres du Gouvernement.

Le Maréchal, cédant à ces motifs, lui fit expédier aussitôt l'autorisation qu'il sollicitait.

LE MINISTRE DE LA GUERRE AU GÉNÉRAL BEKER.

Paris, le 24 juillet 1815.

Général,

J'ai l'honneur de vous annoncer que, conformément à la demande que vous en avez faite, vous êtes autorisé à vous rendre dans le département du Puy-de-Dôme pour y attendre de nouveaux ordres.

Signé : le Ministre Secrétaire d'État de la guerre,

GOUVION-SAINT-CYR.

Libre enfin de suivre son impulsion, le général Beker retourna dans le département du Puy-de-Dôme, alors occupé par le corps du maréchal Suchet, licencié depuis, avec les débris de l'armée de la Loire.

Il revit sa retraite de Mons, pour y goûter un repos si nécessaire, après tant d'émotions cruelles, et après tant de jours d'agitation physique et morale [1].

---

[1] L'honorable général Beker, rentré à Paris, demeura jusqu'à sa mort un des habitués fidèles du prince d'Eckmühl; puis ensuite, de ma mère, chez laquelle je l'ai vu pendant toute mon enfance. Un cruel malheur, la mort de son fils unique, le fit entièrement renoncer à la vie du monde et à Paris.

DEUX LETTRES COMPARÉES

Aux émouvantes pages de cette brochure portant l'indiscutable accent de la vérité, pages écrites par un ami fidèle de l'Empereur et qui le montrent flottant entre cent pensées diverses, nous ferons succéder deux documents contradictoires, reliés cependant par une même pensée d'injuste blâme. Nous entendons ici parler de quelques lettres traduites de la correspondance de la famille Mendelssohn, puis de quelques paroles de madame Campan, adressées à la reine Hortense.

Voici d'abord ce que dit Mlle Mendelssohn, gouvernante de Fanny Sébastiani, devenue hélas! la duchesse de Praslin [1] :

« Je puis vous raconter comme un trait remarquable que ce terrible Davout, la terreur du Nord, le provocateur de souffrances indicibles, ne montre aucune volonté chez lui; il n'a pas le courage de commander quelque chose au moindre des domestiques, sans le consentement de sa Maréchale, qui gouverne sa maison avec la même rigueur inflexible que lui les pays vaincus.

1. Die familea Mendelssohn, 1727-1847. Hensel. Berlin, 1879.

« Notre compagnie journalière, c'est le maréchal Davout, sa femme, qui exerce le commandement de la maison, et ses enfants. La première fois qu'il a entendu mon nom, il a demandé au général Sébastiani, qui justement se trouvait là, si j'avais des parents à Hambourg, ayant connu là des personnes fort honorables et estimées de ce nom.

« Presque tous ses domestiques sont Allemands; ses filles apprennent l'allemand très sérieusement, et chaque fois que je le vois, il me demande de lui dire si elles en savent quelque chose. La vie politique de cet homme m'est inexplicable en le voyant chez lui et avec ses enfants. Il est un père, tel que seul Abraham a su être ainsi père, se mêlant à leurs jeux de tout son cœur. Sa fille aînée, une enfant de quatorze ans, est la créature la plus douce que je connaisse [1].

« Je n'ai trouvé qu'une façon de m'expliquer les horreurs commises sous son gouvernement. Il me paraît peu intelligent, lourd et ignorant. Chez lui il est sans aucune influence et il a dû être le même pendant son commandement : un misérable quelconque aura agi à sa place! Qu'importe aux pauvres vaincus, et n'est-il pas plus coupable encore d'avoir laissé commettre de telles atrocités! »

Le Mémoire de Hambourg répond avec éloquence à cette diatribe de vaincue, bossue, spirituelle, haineuse, et jugeant avec sa passion; cependant le témoignage étonné de Mlle Mendelssohn a bien son mérite d'affirmation à l'endroit des qualités de cœur et de bonté du maréchal Davout.

[1]. Joséphine, devenue comtesse Vigier.

Il nous semble intéressant, à titre d'étude psychologique, de copier ici quelques mots tirés d'une lettre adressée par le maréchal « à sa maréchale » :

« Nous avons été aujourd'hui à Vichy donner à Mlles Sébastiani et Mendelssohn des nouvelles de notre chère Louise. Mlle Mendelssohn m'a beaucoup entretenu de la forte impression qu'elle avait éprouvée en voyant notre chère petite si désespérée, et dit combien elle se reprochait de n'avoir pas été plus maîtresse d'elle : elle m'a précisément donné les mêmes raisons dont je me suis servi près de toi pour la défendre. Elle m'a engagé à venir faire un dîner de demoiselles avec Louis et M. Gordon. Je le lui ai promis pour Dimanche. »

La gouvernante de Mlle Sébastiani avait, on le voit, le rare courage d'appeler à elle les incapables, les ennuyeux, et de leur témoigner toute la sympathie qu'elle ne ressentait pas. Je crois que les Françaises, en dépit des nombreux défauts qu'on se plaît à leur reconnaître, n'auraient du moins pas la — vertu allemande, — que Dante condamne à traîner une chappe de plomb.

Nous donnerons maintenant la parole à Mme Campan [1] :

« La Maréchale (Davout) a été bien à plaindre à Vichy, accablée d'une trop juste douleur [2].

---

1. Tome II, page 288.
2. La mort de sa fille, la comtesse Joséphine Vigier.

« Son seigneur et maître a trouvé d'une noble simplicité de dîner lui, sa femme et ses enfants à table d'hôte. Malgré l'intérêt qu'inspire la douleur d'une mère, des yeux mouillés de pleurs n'aiment pas à se diriger sur des visages inconnus. Il est un gouvernement que les lumières, les assemblées, les révolutions ne changeront jamais, et c'est celui d'un mari. Le plus austère républicain conserve dans son ménage le despotisme ottoman, et le bonheur d'une femme dépend uniquement du caractère de son sultan. »

Les lettres du Maréchal nous disent assez quel sultan il était!

Mme Campan raconte, d'après quelque frivole donneur de nouvelles, une histoire qu'elle arrange pour amuser la Reine exilée. *Le gros mouton* de Mlle Mendelsshon et le tyran de Mme Campan se ressemblent bien peu! Pour ce terrible tyran, forçant sa femme à dîner à table d'hôte, la perte de sa fille bien-aimée a été, de l'avis du comte de Serre, la terrible goutte d'eau qui a fait déborder la coupe d'amertume. Le Maréchal est mort de la mort de sa douce Joséphine. La Maréchale, sans la moins aimer, lui a survécu plus de quarante ans.

Laissons parler les indifférents, les insouciants, les irrités, les jaloux; mais examinons les actes, saluons la pensée appliquée, de la jeunesse à l'âge mûr, à la recherche du plus beau et du meilleur;

puis, raffermissons nos cœurs au spectacle d'une nature modeste dans le triomphe, forte contre l'adversité, et ne la jugeons pas, l'unique jugement véritable étant celui de l'être qui sonde l'homme jusqu'en ses plus mystérieux replis, de l'être essentiellement juste parce qu'il ne peut ni se tromper, ni être trompé; et cet être incomparable, incompréhensible à notre misère, volontairement ou involontairement cependant, chacun de nous, tout bas ou à voix haute, le nomme à son tour, car cet être, c'est Dieu !

Châlet du Ravin,
Villers-sur-Mer. le 14 octobre 1886.

APPENDICE

3ᵐᵉ *corps*
de la
Grande Armée

Au quartier général à Oëttingen, le 24 septembre 1806.

ÉTAT-MAJOR-GÉNÉRAL.

COPIE DE LA LETTRE DE MONSIEUR LE MARÉCHAL DAVOUT, EN DATE DU 2 NIVÔSE AN XIV, A SON EXCELLENCE MONSIEUR LE MARÉCHAL D'EMPIRE BERTHIER, MINISTRE DE LA GUERRE.

Monsieur le Maréchal,

J'ai eu l'honneur de rendre compte à Votre Excellence des bons services qu'a rendus le capitaine de gendarmerie Saunier à la bataille d'Austerlitz, où il servit près de moi et fut renversé de son cheval, atteint d'un coup de feu.

J'y ajouterai un témoignage de ma satisfaction particulière pour la manière distinguée avec laquelle il a commandé la force publique à ce corps d'armée, depuis qu'il est employé sous mes ordres.

D'après ces considérations, je saisis avec empressement la première occasion qui se présente pour prier Votre Excellence de vouloir bien proposer à Sa Majesté la promotion du capitaine Saunier à l'emploi de chef d'escadron, vacant dans son armée, par la mort du chef d'escadron Mutto qui était employé à Namur.

Salut et respect,
Signé : Le Maréchal Davout.

Certifié conforme à l'original,
Le Général, chef de l'État-Major
du 3ᵉ corps d'armée,

D.

Skiernievice, le 8 mars 1808.

A MONSIEUR LE CHEF D'ESCADRON SAUNIER, COMMANDANT LA GENDARMERIE DU 3ᵉ CORPS D'ARMÉE.

C'est avec plaisir, mon cher Commandant, que je vous envoie la décoration de chevalier de l'ordre de St-Henry que S. M. le Roi de Saxe vous confère avec l'agrément de notre Empereur, comme un témoignage de sa satisfaction pour la bonne conduite de votre corps d'armée dans ses États et des services rendus à la cause commune.

Cette distinction est d'autant plus flatteuse qu'outre qu'elle vient d'un Souverain respectable, qui est le bon allié du nôtre, elle est aussi une preuve de la satisfaction de notre Empereur pour toute l'armée et de sa bienveillance particulière pour vous.

Vous recevrez incessamment de M. le comte de Bose, Ministre de Saxe, le brevet d'usage.

Cette décoration étant donnée avec l'approbation de notre Empereur, vous pourrez la porter de suite.

J'écris d'ailleurs au grand chancelier de la Légion d'honneur pour faire remplir toutes les formalités à cet égard.

Il m'est fort agréable d'être l'interprète des sentiments de satisfaction que témoignent, en cette occasion, le Roi de Saxe et notre Souverain.

Recevez, mon cher Commandant, l'assurance de ma parfaite estime.

Le Maréchal,
DAVOUT.

Varsovie, le 25 mai.

J'ai reçu, monsieur le Commandant, la lettre que vous m'avez écrite pour me prévenir qu'en vertu de l'ordre que vous avez reçu de Son Excellence le Ministre de la guerre, sous la date du 29 avril dernier, vous vous rendez à Florence pour prendre le commandement de la légion de gendarmerie de la Toscane; je vous observe que je crois devoir suspendre l'exécution de l'ordre de Son Excellence le Ministre de la guerre, jusqu'à ce que Son Altesse le Prince Major général, auquel j'en réfère, m'ait transmis le sien.

Je fais également connaitre à Son Excellence le Ministre de la guerre l'ordre que je vous donne de suspendre votre départ et je lui fais part des motifs qui me déterminent.

En conséquence, vous resterez au troisième corps et vous continuerez à y remplir vos fonctions jusqu'à nouvel ordre.

J'ai l'honneur de vous saluer.

Le Maréchal,
L. DAVOUT.

A MONSIEUR LE CHEF D'ESCADRON SAUNIER, COMMANDANT LA FORCE
PUBLIQUE AU TROISIÈME CORPS.

Au quartier général à Varsovie,
le 25 mai 1808.

ETAT-MAJOR-GÉNÉRAL.

3ᵐᵉ *corps*
de la
Grande Armée

—

Copie

A SON ALTESSE SÉRÉNISSIME MONSEIGNEUR LE PRINCE ALEXANDRE,
VICE-CONNÉTABLE, MAJOR GÉNÉRAL DE LA GRANDE ARMÉE.

Monseigneur,

J'ai l'honneur de rendre compte à Votre Altesse que le chef d'escadron Saunier, commandant la gendarmerie au troisième corps, m'ayant fait connaitre les ordres qu'il a reçus de Son Excellence le Ministre de la guerre, de se rendre sur le champ et en poste à Florence pour y prendre le commandement de la légion de gendarmerie de la Toscane, j'ai cru devoir ordonner à cet officier supérieur de suspendre l'exécution de cet ordre jusqu'à ce que j'aie pris ceux de votre Altesse. J'adresse à Son Excellence le Ministre de la guerre copie de la lettre que j'ai l'honneur de vous écrire, afin qu'il soit convaincu que le bien du service seul a pu me rendre formaliste dans cette circonstance. D'après les dispositions de l'ordre général de la Grande Armée du 16 août 1807 portant que Sa Majesté continue à commander sa Grande Armée et qui règle le mode à suivre dans la correspondance avec votre Altesse comme Major général pour tout ce qui regarde le service de la Grande

Armée et avec Son Excellence le Ministre de la guerre en ce qui concerne son ministère, j'ai dû penser que tous les ordres de mouvements relatifs à des corps de troupes ou même à des individus devaient m'être transmis par votre Altesse, afin d'éviter toute espèce de malentendu. En effet, déjà le général de brigade Cassagne, qui avait des lettres de service pour ce corps d'armée, en est parti il y a quelques mois pour passer à l'armée de Portugal sur un ordre direct de Son Excellence le Ministre de la guerre, sans que j'en aie été prévenu autrement que par cet officier au moment de son départ; il en est résulté que Votre Altesse, devant croire le général Cassagne toujours employé au troisième corps, lui a adressé, ici, la lettre d'avis de la dotation qu'il avait plu à Sa Majesté de lui accorder, tandis qu'il devait être déjà rendu à sa nouvelle destination.

Quelque fondés qu'eussent pu être mes motifs de différer alors l'exécution des ordres de Son Excellence, je m'en étais abstenu comme je l'eusse fait encore à l'égard du chef d'escadron Saunier si, dans cette dernière circonstance, je n'avais considéré le plus grand bien du service de Sa Majesté et que les mêmes motifs d'utilité ne se présentaient pas avec la même force dans le premier cas cité; mais, dans l'espèce présente, Votre Altesse, qui connait ce pays, ne peut manquer d'être convaincue qu'il n'y a aucun fond à faire sur la police qui y est établie.

A notre arrivée dans le duché, après la paix de Tilsitt, nous avons eu à éprouver tous les inconvénients de sa mauvaise composition. Il existait dans cette grande ville des bandes de voleurs autorisés sous l'ancienne police prussienne et contre lesquelles la nouvelle police du duché n'avait su prendre aucune mesure efficace.

Quelque bonne volonté que l'on puisse accorder à ceux qui se mêlent de la nouvelle police du duché, on ne peut se dissimuler qu'ils n'y entendent rien, aussi la plupart des officiers ont-ils été presqu'entièrement dévalisés dans leurs logements ; je dus donc créer une police militaire, que je fis diriger par le chef d'escadron Saunier. Par son zèle, son intelligence et l'efficacité de ses mesures, il est parvenu à nous débarrasser de ces hordes de voleurs ; il s'est rendu de la plus grande utilité, non seulement dans cette partie, mais je ne pourrais le remplacer pour la police étrangère ; il a une excellente tête et voit bien ; il me tient au courant de tout ce qui se passe au delà des frontières étrangères, il est instruit de l'arrivée de tous les voyageurs, des motifs qui les amènent dans le duché, de ce qu'ils rapportent, des bruits qui circulent, et généralement de tout ce qu'il peut être important de savoir.

L'événement m'a toujours justifié l'exactitude de ses rapports ; il les communique également à M. le Résident (nom illisible), qui en est tout aussi satisfait que moi.

Les rapports de la police polonaise, au contraire, étaient toujours auparavant ou fabriqués, ou exagérés, ou même dictés par l'esprit de parti, et devenaient en quelque sorte plus nuisibles qu'utiles. Le peu de fonds qu'il m'en coûte pour les opérations que dirige le chef d'escadron Saunier fait autant d'honneur à sa délicatesse qu'à son intelligence.

J'ai l'honneur d'observer à Votre Altesse que cet officier supérieur, qui est employé depuis trois ans à ce corps d'armée, ne s'y est pas rendu recommandable seulement dans le genre de service particulier à son arme, mais encore comme homme de guerre ; il a assisté à toutes les batailles et affaires de ce corps d'armée et j'ai eu toujours à me louer de sa conduite distinguée. Quoique le bien du service de Sa Majesté m'engage à prier Votre Altesse de prendre en considération les observations que j'ai l'honneur de lui soumettre et de faire révoquer les ordres donnés par Son Excellence le Ministre de la guerre au chef d'escadron Saunier, je regretterais que la nécessité m'eût forcé à cette démarche s'il devait par là perdre l'avancement qu'il paraît avoir obtenu, avancement dont il s'est rendu digne sous tous les rapports et que j'ai moi-même plusieurs fois sollicité pour lui.

Je conclus par prier Votre Altesse, pour le bien du service de Sa Majesté, d'obtenir que le chef d'escadron Saunier reste employé au 3ᵉ corps avec le grade de colonel, auquel il paraît qu'il vient d'être promu pour commander une légion de son armée en Toscane ; il se passerait bien du temps avant qu'il pût rendre à Florence les services qu'il rend ici journellement et qui font de lui un des officiers de l'armée le plus utile au bien du service de Sa Majesté.

Le Maréchal,
Signé : L. DAVOUT.

Pour copie conforme, le Général chef de l'État-Major par intérim.

HERVO.

Le 11 juin 1809.

J'ai appris avec bien du plaisir, mon cher Colonel, votre arrivée à Vienne.

Je vais écrire à l'Empereur pour mettre sous les yeux de Sa Majesté vos bons services. Vous ne pouvez pas douter, mon cher Colonel, du vif désir que j'ai de vous conserver dans le corps d'armée sous mes ordres.

Recevez, mon cher Colonel,

l'assurance de mon estime.

Le Maréchal,

Duc d'Auerstaëdt

Je vous envoie, mon cher Colonel, une lettre du Ministre de la guerre qui suffira sans doute pour lever toutes les tracasseries que vous éprouvez pour toucher votre traitement de colonel du jour de la date de votre nomination. J'y ajoute un certificat qui prouve que c'est par mon ordre que vous êtes resté d'abord au 3e corps et ensuite à Varsovie comme commandant de cette ville où vous avez rendu les plus grands services.

Je serai toujours prêt à vous rendre dans toutes les occasions la justice que vous méritez.

Romeuf m'a communiqué une lettre de vous. Soyez tranquille, je n'oublierai pas vos intérêts près de Sa Majesté, et je lui exposerai vos justes prétentions à ce que vous désirez.

Je vous salue affectueusement.

Duc d'Auerstaëdt.

Kitsée, le 18 juin 1809.

A mon quartier général à Kitsée, le 18 juin 1809.

Certificat.

Je certifie que c'est par mon ordre, en date du 16 mai 1808, que monsieur le colonel Saunier, récemment nommé à ce grade, est resté au 3e corps d'armée dans le grand duché de Varsovie, où il n'a cessé de rendre les services les plus importants ; et, qu'au moment de mon départ de Varsovie, S. A. le prince Poniatowski m'ayant à plusieurs reprises demandé de laisser cet officier pour commandant à Varsovie, je lui en ai donné l'ordre en conséquence duquel il y est resté et y a servi de la manière la plus honorable et la plus utile, y a fait aimer et estimer le nom français, et y a mérité le suffrage universel par sa très bonne conduite.

Ces ordres ont été connus de Sa Majesté et ont eu son approbation.

Le Maréchal d'Empire,
Duc d'Auerstaëdt.

Custrin, le 3 février 1813.

Devant partir incessamment pour porter mon quartier général à Magdebourg, je vous invite, mon cher Général, à partir le plus tôt possible pour vous y rendre aussi ; vous attendrez là le congé que j'ai demandé pour vous à S. A. I. le vice roi d'Italie.

Amitié.
Le M^{al} Duc d'Auerstaëdt,
Prince d'Eckmühl.

A M. LE Gal SAUNIER, GRAND PRÉVOT DU 1er CORPS.

Magdebourg, le 5 mars 1813.

S. A. I. le Prince vice-roi vous ayant accordé, mon cher Général, un congé de convalescence pour le rétablissement de votre santé, mais votre état ne vous permettant pas de faire le voyage dans ce moment, je vous autorise à vous rendre d'abord à Erfurth où vous séjournerez pendant tout le temps que vous jugerez nécessaire pour vous mettre à même de continuer votre route. Vous pourrez également aller d'Erfurth à Francfort, où je vous autorise à rester jusqu'à ce qu'enfin vos forces vous permettent de profiter du congé que vous avez.

Je me fais un devoir, dans cette circonstance, de vous témoigner le vif désir que j'ai de vous savoir bientôt en état de reprendre, au 1er corps, les fonctions que vous y remplissez depuis si longtemps, et dans lesquelles vous vous êtes pour toujours acquis des droits à mon estime.

Je me plais à vous en renouveler l'assurance, comme aussi celle de mon amitié et de ma haute considération.

Le Maréchal Duc d'Auerstaëdt

Prince d'Eckmühl

A M. LE GÉNÉRAL BARON SAUNIER,
GRAND PRÉVÔT DU 1er CORPS D'ARMÉE.

Grande Armée.

Place de Thorn.

Nous soussignés, officiers de santé en chef des hôpitaux militaires de Thorn, certifions que M. Louis-François Saunier, général de brigade, âgé de cinquante-trois ans, vient d'éprouver, à la suite d'une dyssenterie de plusieurs mois pendant cette dernière campagne, et des fatigues extraordinaires auxquelles il a été forcé, même ayant cette maladie, une fièvre ataxique des plus intenses, dans laquelle le système nerveux a été fortement ébranlé et qui l'a réduit à un degré de faiblesse extrême.

Certifions en outre que M. le général Saunier, depuis longtemps atteint d'une maladie de vessie, est sujet à une hémoptysie périodique, occasionnée par diverses contusions à la poitrine (circonstance qui contribue encore à retarder sa convalescence), ne saurait habiter plus longtemps un pays aussi froid que celui où il se trouve présentement, sans danger pour ses jours.

Il a d'ailleurs besoin des plus grands ménagements et de ces soins qu'on ne reçoit qu'au milieu des siens.

Nous estimons conséquemment qu'un congé de six mois au moins est absolument nécessaire à M. le général Saunier pour aller respirer l'air natal et retrouver sa santé première, attendu qu'il lui est tout à fait impossible, avant ce laps de temps, de faire aucune espèce de service actif aux armées.

En foi de quoi, nous lui avons délivré le présent, pour le faire valoir au besoin

Fait double à Thorn, le dix-neuf janvier dix-huit cent treize.

Le Médecin en chef,   Le Chirurgien major,
COLLET-MEYGRET,   BOURION,
M. D. L.   Ch. M.

Vu par nous, commissaires de guerre, pour légalisation des signatures ci-dessus.

Avant de transcrire deux lettres du Maréchal au général Donzelot, nous tenons à donner d'abord une lettre que nous devons à la courtoisie de M. R. Desaix, afin de témoigner d'une amitié commencée en Égypte et continuée au travers des événements les plus faits pour diviser.

LE GÉNÉRAL DONZELOT AU GÉNÉRAL DAVOUT.

Girgé, le 9 floréal an VII.

J'ai reçu, mon cher Général, votre lettre du 1ᵉʳ de ce mois. Je vous félicite de bon cœur de vos succès. Sans doute que vous avez actuellement détruit le rassemblement des environs de Melaoui. Vous aurez profité des offres de Mahamout *(sic)* pour le combattre avec vous, et probablement vous aurez eu le temps de prévenir d'Estrée pour qu'il soit de la partie. Avec toutes ces forces réunies vous aurez dû détruire, dans ce village qui fait le Rodomont, tous les révoltés, tous les Arabes et prendre leurs chameaux et équipages. Quant aux Mamelucks, je présume qu'à leur coutume, ils feront battre les autres et ne s'engageront pas.

Que vous feriez de plaisir au général Desaix si vous pouviez achever ces maudits Méquins et leur chef Hassan!

Quoi qu'il en soit, nous attendons de vos nouvelles avec impatience. Depuis quelques jours, on n'a pas reçu de vos nouvelles. Demain nous nous mettons en marche pour aller à Siout. Nous irons seulement pour ramasser en passant un peu d'argent.

Avez-vous des nouvelles de la Basse-Égypte? Si la communication avec d'Estrée est libre, vous pourrez en avoir, du moins je le pense.

Vous en recevrez du général Zayonschek.

LE MARÉCHAL PRINCE D'ECKMÜHL AU LIEUTENANT GÉNÉRAL COMTE DONZELOT, GOUVERNEUR GÉNÉRAL DE LA MARTINIQUE

Paris, le 25 septembre 1817.

Mon cher Général,

J'ai eu le plaisir de vous recommander de vive voix

les intérêts de mon cousin, M. Davout de la Martinique, et vous ai promis de vous donner quelques détails sur les affaires de ce pays.

Il est dû à mon cousin, par diverses personnes, environ trois cent milles livres coloniales; depuis six ans qu'il a quitté cette île, il n'en a pas encore reçu un sol, malgré les efforts de M. Desfourneaux, son fondé de pouvoir, pour effectuer la rentrée de ces fonds.

J'ai appris que cela vient de l'insuffisance des lois qui régissent cette colonie et que les sentences des tribunaux y demeurent sans effets, la saisie réelle et partielle n'y ayant pas lieu, mais seulement la saisie des denrées fabriquées. J'ai aussi appris que le débiteur de mauvaise foi vend clandestinement ses sucres ou cafés et que, lorsque les créanciers veulent le faire saisir, ils se trouvent ne plus lui appartenir. Je sais aussi que quand on parvient à saisir des denrées, les localités forcent les saisissants à établir gardien de la saisie le propriétaire des objets saisis et que très souvent celui-ci ne les représente jamais, et qu'alors il intervient une sentence par corps, mais qu'il n'y a pas d'exemple qu'on en ait mis une à exécution, de sorte que le créancier reste toujours dans la dépendance de son débiteur, auquel il faut quelquefois qu'il aille faire la cour pour en obtenir de quoi subsister.

Mon parent ayant perdu ses biens d'Europe n'a pour subsister et élever sa famille que ce qu'il possède à la Martinique. En conséquence, je vous prie aussi, mon cher Général, de seconder de tout votre pouvoir les arrêts ou sentences des tribunaux pour contraindre de payer et de mander devant vous les débiteurs, et de tirer d'eux leur parole de satisfaire à leur engagement dans le plus bref délai.

Je vous prie aussi, mon cher Général, de vouloir bien accorder toute confiance à M. Desfourneaux, représentant mon parent à la Martinique, ainsi qu'à M. Le Merle, son avoué près les tribunaux, qui pourra mieux vous indiquer les moyens d'appuyer les lois.

Je ne puis trop vous recommander, mon cher Général, les intérêts de mon cousin qui mérite, par ses qualités personnelles, les malheurs qu'il a éprouvés et supportés avec toute la modération et le bon exemple possible, qui mérite, dis-je, toute votre bienveillance. Tous les services que vous lui rendrez seront de véritables preuves d'attachement que vous me donnerez.

Je vous prie, mon cher Général, de disposer de moi sur le continent, je ferai avec plaisir tout ce que vous désirerez. Je vous souhaite une parfaite santé, un prompt retour, et vous réitère l'assurance de mon vieil attachement et de mon entière estime.

Tout à vous,
Le Maréchal, Prince D'ECKMÜHL.

Il est évident que le Maréchal, en servant son parent, désirait également servir la colonie française et éclairer le Gouvernement.

Savigny, le 28 novembre 1818.

Mon cher Général,

La personne qui vous remettra cette lettre est M. Davout de Curly, mon cousin germain, que je vous ai déjà présenté auparavant votre départ de Paris pour votre gouvernement, et pour lequel je vous avais remis une note pour réclamer votre justice si le cas se présentait. Il a des intérêts à la Martinique, ou pour mieux dire il y a la presque totalité de la fortune de ses enfants, ayant perdu la sienne, qui était fort considérable, par l'effet de la Révolution : il est impossible d'avoir supporté cette perte avec plus de fermeté et de sagesse.

Il est venu il y a déjà assez longtemps en France pour l'éducation de ses enfants et pour sauver quelques débris de sa fortune, après avoir laissé toutefois sa procuration pour gouverner la fortune qu'il laissait à la Martinique. Il paraîtrait qu'il n'aurait pas trop à se louer de la personne en qui il a placé sa confiance. Il est sans aucune nouvelle depuis plus d'un an ; il n'a écouté que sa tendresse et les intérêts de ses enfants ; il prend par ces motifs le parti de faire ce voyage, ce qui est très pénible, arrivant à l'âge où l'on doit aspirer après le repos. Il est plus que vraisemblable qu'il pourra avoir recours à votre intervention ; je la réclame de votre amitié, mon cher Général, et je ne doute pas que vous ferez pour mon excellent parent tout ce qui dépendra de vous, d'autant plus que, par le caractère que je lui connais, il est incapable de faire des réclamations injustes. Je ne vous recommanderais pas avec plus d'intérêt mon propre frère que je ne vous recommande mon cousin. Je regarderai comme des preuves de votre amitié tout ce que vous pourrez faire pour lui.

J'ai eu de vos nouvelles indirectement, mais elles m'ont fait d'autant plus de plaisir que j'ai entendu votre éloge sortir de la bouche de personnes avec qui je suis quelquefois en dissidence d'opinion.

J'ai prié mon parent de me donner de vos nouvelles. Il vous parlera de nous et d'un malheur domestique

que nous venons d'éprouver, qui nous est bien sensible [1].

Je vous félicite de ne pas être exposé à ces sortes de malheurs, car ils sont bien pénibles et désenchantent la vie.

Adieu, mon cher Général, jouissez d'une bonne santé et revenez-nous avec la récompense de vos honorables et bons services et de votre beau caractère. Voilà les vœux que forme un de vos plus anciens et meilleurs amis.

Le Maréchal, Prince d'Eckmühl.

A coup sûr, de tels amis sont aussi rares que de tels parents !

Le cœur du Maréchal est toujours ouvert aux nobles affections. L'homme qui parle ainsi en faveur d'un parent arrivé au déclin de l'âge est bien le même que celui qui écrivait, en pleine gloire, en plein triomphe, à sa mère malade : « Vous conserver, vivre entre mes enfants et ma femme, voilà en quoi je fais consister mon bonheur. » Une autre fois, parlant d'un jeune cousin, il écrit à Mme d'Avout : « Je suis on ne peut plus satisfait de Henry, qui se livre à l'étude. J'écrirai, ces jours-ci, à mon oncle. » Cette lettre est du 22 novembre 1807, mais en voici une plus touchante encore.

---

[1]. Le Maréchal fait allusion à la mort de sa fille, la comtesse Joséphine Vigier.

Hambourg, le 21 juillet.

« Mon cher frère, vous savez que nous avons deux cousins au collège d'Auxerre. J'ai écrit au préfet de l'Yonne, il y a quelque temps, à leur sujet ; on en est très satisfait. M. de la Bergerie ajoute que nos deux parents désirent vivement d'aller en vacances. S'ils n'y vont pas, ils resteront seuls, ce qui les ferait mourir de chagrin et de honte. Ils auraient l'air d'être abandonnés. Cela ne serait pas convenable.

Ma femme n'est pas à Paris, ils ne peuvent en conséquence y aller passer le temps de leurs vacances. Je trouve en outre ce séjour mauvais pour la jeunesse, lorsqu'elle n'y est pas très surveillée. Je vous prie donc, mon cher Alexandre, de les envoyer chercher à l'époque des vacances : elles ont lieu cette année depuis le 15 août jusqu'au 10 octobre. Ainsi, vous aurez la complaisance de les garder chez vous pendant ce temps. Vous leur ferez donner quelques leçons afin qu'ils n'oublient pas ce qu'ils ont appris ; ils ont, à ce que l'on m'a dit, un bon caractère, et j'espère qu'ils ne vous seront pas gênants.

N'oublions pas que cette lettre est écrite de Hambourg, alors que mille soins absorbaient les heures du Maréchal, qui ne négligeait jamais rien ni personne.

Armée de la Loire.

LETTRE DE S. A. M. LE MARÉCHAL PRINCE D'ECKMÜHL, GÉNÉRAL EN CHEF DE L'ARMÉE DE LA LOIRE, A M. LE LIEUTENANT GÉNÉRAL BARON HAMÉLINAYE, COMMANDANT LA 22ᵉ DIVISION MILITAIRE, A TOURS.

Orléans, le 11 juillet 1815.

Monsieur le Général,

L'armée, en quittant Paris et se retirant derrière la Loire, aux termes de la convention du 3 juillet, avait laissé, auprès du Gouvernement provisoire, des commissaires chargés de lui demander des instructions.

Ces commissaires, en rendant compte à l'armée des derniers événements de la capitale, et de l'entrée du Roi à Paris, m'ont fait part des ouvertures qui leur avaient été faites pour engager l'armée à reconnaître que son union au système du Gouvernement peut seule empêcher la dissolution de l'État. Les commissaires, dans leurs communications, donnent l'assurance que, sous un Gouvernement constitutionnel, aucune réaction ne sera à craindre; que les passions seront neutralisées; que le Ministère sera seul responsable; que les hommes et les principes seront respectés; que les destitutions arbitraires n'auront lieu, ni dans l'armée, ni dans les autres états de la société, et, qu'enfin, l'armée sera traitée conformément à son honneur. Ce sont les propres termes transmis par les commissaires.

Pour gage et pour preuve de ce qu'ils avancent, ils donnent comme certain que le maréchal Saint-Cyr est nommé Ministre de la guerre; que le duc d'Otrante est Ministre de la police, et qu'il n'accepte qu'avec l'assurance que le Gouvernement marchera dans un esprit de modération et de sagesse, dont lui-même a toujours donné l'exemple.

Les sentiments de l'armée sont bien connus : elle a combattu vingt-cinq ans toujours pour la France, souvent pour des opinions contestées : le seul prix qu'elle demande du sang qu'elle a versé, c'est qu'aucun citoyen ne puisse être poursuivi pour aucune de ses opinions, dans lesquelles il a pu être de bonne foi.

A ces conditions, l'intérêt national doit réunir franchement l'armée au Roi. Cet intérêt exige des sacrifices : ils doivent être faits de bonne grâce, avec une énergie modeste. L'armée subsistante, l'armée unie et ensemble, deviendra, si nos malheurs s'aggravent, le centre et le point de ralliement de tous les Français et des royalistes même les plus exagérés.

Tous ne tarderont pas à sentir que l'union et l'oubli de tous dissentiments pourront seuls opérer le salut de la France, qui devient impossible, si l'hésitation, les dissidences d'opinion, les considérations particulières amènent la dissolution de l'armée, soit par elle-même, soit par la force étrangère.

Unissons-nous donc, serrons-nous, ne nous séparons jamais.

Les Vendéens nous donnent un touchant exemple : ils nous ont écrit pour nous offrir de déposer tout ressentiment et de s'unir à nous, dans la vue patriotique de prévenir tous déchirements, tous démembrements de la patrie. Soyons Français : ce fut toujours, vous le savez, ce sentiment qui domina exclusivement dans mon âme. Il ne me quittera qu'au dernier soupir,..

A ce titre, je vous demande votre confiance : je suis sûr de la mériter et de l'obtenir.

Signé : Maréchal Prince d'Eckmühl.

Pour copie conforme, le Maréchal de camp, commandant le département de la Sarthe :

MOCQUERY.

ORDRE DU JOUR.

La lettre ci-dessus de S. A. le Maréchal Prince d'Eckmühl, général en chef de l'armée de la Loire, m'a été officiellement transmise, en date du 12 de ce mois, par monsieur le lieutenant général baron Hamélinaye, commandant la 22ème division militaire, avec ordre de la faire publier et afficher dans l'étendue de mon commandement.

En conséquence, elle sera lue dans les régiments, aux compagnies assemblées, et inscrite à leurs registres d'ordre.

Le service se fera donc désormais au nom du Roi, qui donne à l'armée la garantie d'une existence honorable.

Les troupes que j'ai l'honneur de commander sentiront combien il leur importe d'imiter en tout l'exemple de l'armée dont elles font partie ; d'éviter tout ce qui tendrait à troubler l'union qui doit régner entre tous les Français, et de justifier, par la plus exacte discipline, les intentions paternelles de Sa Majesté.

Messieurs les chefs de corps et officiers de tout grade tiendront sévèrement la main au maintien du bon ordre et de la tranquillité : ils sont spécialement chargés, dans leurs régiments, bataillons et compagnies, de l'exécution de ces dispositions confiées à leur honneur et au zèle qui les anime pour les intérêts du service.

Au Mans, le 13 juillet 1815.

Le Maréchal de camp, commandant le département de la Sarthe.

MOCQUERY.

C'est à M. Émile Montégut que nous devons
d'avoir connu deux livres de Stendahl, pour nous
du plus grand intérêt : *Rome, Naples et Florence*, puis la « *Vie de Napoléon* ». Du premier
de ces livres, l'éminent critique m'écrivait :

J'ai eu l'idée, je ne sais pourquoi, de relire le livre de
Stendhal intitulé : *Rome, Naples et Florence*. Quoi qu'il
en soit, j'ai eu une heureuse inspiration. Je n'avais pas
lu cent pages que le nom de votre père s'était déjà
présenté deux fois, et comme les jugements d'un esprit
de l'ordre de celui d'Henri Beyle ne peuvent vous être
indifférents, je m'empresse de vous envoyer mes petites
trouvailles.

Page 27 (édition Calman Lévy), il s'agit de Milan et
du Prince Eugène dont l'administration échoua en partie, selon Beyle, parce qu'il apportait trop d'aristocratie
dans ses rapports et dans ses choix de gouvernement.
« L'honnête maréchal Davoust eût convenu à ce pays
pour vice-roi : il avait la prudence italienne. »

Je continue ma lecture en me proposant de vous envoyer cette phrase et, page 87, voici ce que je rencontre.
Cette fois il s'agit de Naples et de la difficulté de civiliser
ce peuple. « Leur absurdité (des Napolitains) va jusqu'à maudire le Général *** qui, pendant dix-huit mois, a
fait disparaître le vol et l'assassinat dans les pays au
midi de Naples. Le maréchal Davoust, *roi de Naples*,
eût agrandi l'Europe de ce côté. »

La phrase est curieuse de bien des manières. D'abord
parce que l'idée d'une royauté pour le Maréchal semble chose naturelle à Beyle, ensuite parce que la royauté
dont il s'agit est précisément celle de Naples qui échut

à Murat. Le souvenir des querelles de votre père rend cette phrase d'autant plus piquante.

Cette lecture m'a donné l'idée d'ouvrir immédiatement un autre ouvrage de Beyle intitulé : *Vie de Napoléon*. Celui-là, assurément très peu de personnes l'ont lu. C'est un ouvrage inachevé, publié dans les œuvres posthumes de Beyle et que je vous conseille de lire : il est fort curieux et vous intéressera certainement comme il m'a intéressé moi-même. Malheureusement, ce n'est qu'un commencement, puisqu'il s'arrête à Marengo. Il ne peut donc guère y être question du Maréchal, mais aux derniers feuillets, page 228 (édition in-12 Calman Lévy), je trouve ce remarquable jugement : « Davout, dont on se moquait alors parce que son caractère avait des qualités qui manquent ordinairement aux Français, savoir : le sang-froid, la prudence et l'opiniâtreté, et Lassalle servaient encore dans les grades inférieurs. »

Quel malheur que Beyle n'ait pu achever son livre et parler de la campagne de Russie à laquelle il assista. Il est probable que nous aurions eu la rectification de quantité de détails qui ont donné lieu aux controverses dont vous avez eu à vous occuper dans votre livre.

Ces jugements remarquables prouvent en effet que Beyle avait compris mon père, mais laissons encore parler M. Montégut. Le 18 mai 1883 il m'écrivait de nouveau :

J'ai récolté dans l'*Histoire de Napoléon*, par Stendhal, une note concernant votre père. C'est de tous les petits fragments que je vous ai envoyés le plus remarquable. Beyle, parlant de la haine que Napoléon, dès les commencements, avait vouée aux fournisseurs militaires pour avoir trop vu ceux du Directoire, écrit cette phrase : « Dès cette époque, Napoléon montre de la haine pour tout ce qui s'occupe à l'armée *de donner du pain aux soldats*. Nous verrons plus tard ce sentiment peu réfléchi amener les plus grands malheurs [1]. »

Cette phrase, d'une rédaction quelque peu exagérée et qui excède la pensée que Beyle veut exprimer, est suivie de cette note beaucoup plus juste : « C'est à cette haine aveugle que l'on peut attribuer en grande partie les désastres de la retraite de Moscou. Le maréchal Davoust (*grand homme auquel on n'a pas encore rendu justice*) avait parfaitement organisé son corps d'armée ; il en fut blâmé. C'est une des grandes fautes de Napoléon. »

Vous le voyez, on dirait que Beyle vous a lue, tant son jugement est d'accord de tous points avec celui que vous avez exprimé. Tout le livre de Beyle est à l'avenant de ce que vous venez de lire ; plein d'observations justes et de jugements hasardés, souvent baroques. Mais lisez-le.

Bien entendu, je me suis hâtée de lire ces deux volumes. *Rome, Naples et Florence* est un livre vraiment original, un nouveau *voyage sentimental* écrit par un sceptique français, donc triple-

---

[1]. C'est sans doute à cette façon de voir de Napoléon que Desaix fait allusion pendant la campagne d'Égypte en disant : « *Je me tais sur nos souffrances, elles ne vous occuperaient pas.* » Puis encore : « *Au moins, mon Général, écoutez les demandes que l'on vous fait.* »

ment sceptique. Stendhal, dont je suis loin de partager les idées religieuses et même les opinions en fait d'art, a le grand mérite de boire dans son verre. Jamais il ne m'est arrivé de rencontrer le moindre blâme du Prince Eugène de Beauharnais : il est convenu qu'il était sans défauts ; or, cependant, le Prince Eugène ne plaît point à Beyle et il le dit tout simplement. Voici ce que je trouve page 27 : « Le Prince Eugène, véritable marquis français, beau, brave et fat, ne prisait que la noblesse et aristocratisait constamment les mesures de son beau-père. L'honnête maréchal Davout eût convenu à ce pays pour vice-roi. Il avait la prudence italienne. » Il est évident que la campagne de Russie avait donné à Stendhal une haute idée de mon père.

Tandis que les qualités chevaleresques et élégantes du Prince Eugène charmaient tous ceux qui l'approchaient sans leur donner d'ombrage sérieux, les facultés supérieures du Prince d'Eckmühl froissaient la vanité de ceux qui ne voulaient ou ne pouvaient l'égaler en désintéressement et en abnégation.

Il nous semble curieux de faire suivre l'élégant portrait du Prince Eugène, esquissé par Beyle, de la photographie du prince d'Eckmühl restée vivante dans le souvenir de M. Chennevière après plus de quarante années. « J'avoue que, quoique jeune et peu craintif de ma nature, quand je me suis trouvé deux fois tout près de ce terrible soldat, j'ai eu de la peine à soutenir la fixité et la froideur de son regard ! Et certes ce n'était pas l'entourage qui devait intimider. Cet homme grand et robuste, en petite casquette plate, arpentant les rues de Pontoise avec un notaire, n'avait pas besoin d'escorte, ni de décorations, ni d'uniforme pour qu'on s'inclinât devant lui. »

« *Le général comte de Boigne* », par M. Victor de Saint-Genis. — Un ami nous ayant envoyé la copie d'un parallèle établi, en ce curieux volume, entre le comte de Boigne et le maréchal Davout, nous avons voulu le lire tout entier afin de pouvoir juger de cette appréciation, qui nous avait parue tout d'abord assez singulière. Nous reconnaissons certaines parités de génie entre ces deux vaillants soldats, sans admettre une ressemblance réelle.

Le général de Boigne, comme le maréchal Davout, imposait la confiance à qui vivait avec lui, et obtenait de son corps d'armée une promptitude de mouvements qui surprenait l'ennemi et assurait par suite le succès de l'entreprise. Une remarquable sûreté de coup d'œil, une honnêteté au-dessus du soupçon, une même fidélité aux maîtres qu'ils servaient, un grand esprit de justice, une sévérité doublée de bonté, propre à inspirer le respect : l'amour de l'humanité et des lettres, une extrême politesse dans le commandement sont choses communes à Davout et à de Boigne ; ils peuvent donc être comparés *comme soldats*. Tout deux furent enviés et calomniés, mais c'est là un rapport de destinée qui peut s'appliquer à beaucoup.

M. de Saint-Genis nous apprend que Montaigne était l'auteur favori du général de Boigne, comme il l'était du maréchal Davout : ce goût semble le seul qu'ils aient en commun. Ces deux hommes étaient bien loin d'avoir la même façon d'aimer, et le maréchal Davout méprisait autant l'or que le général de Boigne *l'adorait*. De l'aveu même de son éloquent admirateur, M. de Boigne tenait de l'homme d'affaires autant que du soldat ; il s'était montré aussi habile comme commerçant que comme général. Le maréchal Davout abandonnait à sa femme le soin de gérer leur fortune, ne se réservant que la joie de donner.

Simple dans ses habitudes personnelles, le prince d'Eckmühl s'entourait de fleurs, en rapportait de Hollande, de Vienne ; il greffait lui-même ses rosiers et installait à Savigny une allée de grands orangers, préférant la fleur de l'oranger à toutes les pierres précieuses, tandis que le général de Boigne ne dédaignait ni les diamants ni la pompe orientale, peut-être par instinct politique, et afin d'imposer le respect aux Indiens : le luxe étant essentiellement uni en leurs cerveaux à l'idée du pouvoir.

Aucune lettre, aucun écrit du comte de Boigne ne nous révèle la qualité de son esprit ; nous avons au contraire la joie de transcrire le jugement porté par un critique éminent, M. E. Montégut, sur le style du maréchal Davout. « On n'a jamais mieux que votre père accompli les devoirs d'écrivain militaire, qui sont si difficiles pour la clarté et la fermeté qu'ils exigent. Ce qui m'en surprend le plus, c'est la conscience : il y a tel jour où il a écrit quatre [1] ou cinq pièces à l'Empereur, à Berthier, à Duroc, etc., disant à chacun d'eux ce qu'il doit lui dire hiérarchiquement. C'est un travail d'Hercule. »

Nous terminerons cette digression par la copie du passage qui nous a fait entreprendre la lecture de la vie du général de Boigne :

Parmi les hommes de guerre contemporains du général de Boigne, celui dont il se rapproche le plus et par le caractère et par la nature de ses succès, et encore par cette sorte de retard de l'opinion à rendre justice, par ce défaut de popularité rapide et bruyante, me paraît être le maréchal Davout, prince d'Eckmühl. Ce Bourguignon et ce Savoyard ont plus d'un trait de ressem-

---

1. Lisez vingt ou trente pièces, si vous voulez approcher de la vérité.

blanche : même vigoureuse encolure, même indomptable obstination [1], un égal souci de la discipline et, sous l'écorce d'une brusquerie impérieuse, un pareil respect des droits de l'humanité. L'un et l'autre restèrent chargés de responsabilités qui ne leur appartenaient pas; tous deux ont aujourd'hui des statues dans leurs villes natales; mais il a fallu que l'histoire impartiale forçât en quelque sorte les caprices de la gloire, et que le temps effaçât les préventions des partis [1]. »

Cette phrase de M. de Saint-Genis nous remet en mémoire quelques paroles écrites par le prince d'Eckmühl dans une circulaire datée : « Paris le 23 avril 1815. *Les hommes les plus honnêtes et les plus habiles ne sont pas également goûtés de tous ; mais s'ils sont véritablement recommandables, ils forcent l'estime de leurs ennemis mêmes.* Ce sont de tels hommes qui doivent fixer votre attention. Aidez de tous vos moyens à les faire connaître et choisir ; faites qu'on les cherche dans l'obscurité et la modestie où le vrai mérite se plaît souvent à s'envelopper. » Le maréchal Davout, en traçant les mots soulignés, nous semble écrire sa propre histoire.

A l'éloquente parole de M. Quinet, plus napoléonien qu'il ne le croyait peut-être lui-même en

---

1. Note de M. de Saint-Genis. La journée d'Auerstaëdt, 1806, où Davout battit 70.000 Prussiens avec 14,000 Français, rappelle les batailles de Patoùn et de Mairthah.

accusant le maréchal Davout d'avoir faibli en 1815, nous nous plaisons à répondre par le très remarquable article publié, dans le *Correspandant du 1ᵉʳ janvier 1880*, par M. Henri Lacombe. L'esprit de l'honnête écrivain semble avoir sondé l'âme du Maréchal jusqu'en ses plus intimes profondeurs, et il parle de la conduite du Maréchal comme il aurait pu le faire lui-même s'il eût daigné l'expliquer, et surtout s'il eût daigné se défendre.

Le prince d'Eckmühl ayant immolé ses sympathies et ses souvenirs à l'intérêt de son pays, simplement, sans phrases, selon sa coutume, en paix avec sa conscience, comptait sur l'avenir, puis encore et surtout, comme à Thorn, il se fiait à une justice supérieure à toutes les justices. Ce n'est souvent pas là où l'on devrait trouver admiration et reconnaissance que l'on est d'abord apprécié ; un des sages de la Grèce, en parlant d'un homme illustre, disait : « Les contemporains n'ont payé ses travaux que de leur haine. Il aura des autels dans le cœur de leurs descendants. »

Le nom du maréchal Davout commence à devenir populaire, et joyeusement nous venons de rencontrer dans l'*Almanach de la police correctionnelle pour 1887* la gentille anecdote que voici :

SOUVENIR DE LA RETRAITE DE MOSCOU.

On vient d'exhumer des mémoires authentiques et inédits d'un obscur guerrier, d'un modeste tambour du 12e grenadiers, qui faisait partie de la retraite de Moscou, les lignes suivantes, donnant une idée du froid qu'il faisait en 1812 sur la route de Wilna :

« 12e de ligne, où sont vos tambours? » — Le colonel répondit : « — Il y a douze jours que je n'ai plus que » Maurice que voici.

Alors le prince d'Eckmühl (maréchal Davout) me dit : « — Mon ami, mets-toi à la tête de la division et bats la marche. »

Je battis environ trois quarts d'heure et au bout de ce temps, n'en pouvant plus, je me mis à pleurer en disant : « — Mon prince, je n'y puis plus tenir! je vais faire comme les autres tambours rester en arrière. Mieux vaut mourir, ou être fait prisonnier, que de souffrir pareillement. »

J'avais les mains tout abimées par les engelures et les cloches. Elles furent gelées ainsi que les oreilles, et je perdis les ongles. Il faisait si froid que les larmes se congelaient sur mes joues.

Alors le prince prit ma caisse et battit le temps de faire deux cents pas. Ce que voyant, je la repris et recommençai à battre, ayant les mains enveloppées de chiffons.

« *Nul n'est prophète en son pays* » est cependant une trop juste parole de l'Écriture, affirmée par le succès d'une belle histoire du maréchal Davout, écrite par le major Chiala, dans le plus élégant italien, et précédée d'une lettre du général Petitti Bagliani di Roreto.

Les meilleures feuilles de la Péninsule se sont occupées de ce court et intéressant ouvrage, qui a fait revivre mon père dans plus d'une mémoire. Avec un vif plaisir, nous avons rencontré les paroles suivantes dans un excellent article de l'*Italie centrale*, du 21 octobre 1880 :

Davout era molto tenero del nostro paese per avervi soggiornato come comandante della cavalleria francese. Egli conservo sempre un tenero recordo di questa valle lombarda et degli amici che vi aveva lasciato tra cui l'annoverano, Pino, Zucchi, Fontanelli, etc, etc.

Le Maréchal avait encore d'autres amitiés fidèles à Turin, où un sabre, par lui donné au général César de La Ville, est pieusement conservé, ainsi que le dit la note qui nous fut envoyée en janvier 1882 par le capitaine Louis Chiala, aujourd'hui major et membre de la Chambre des députés.

REALE ARMERIA DI TORINO.

N° 1855. — Sciabola orientale con lama liscia appartenente al Maréchal Davout.

Sulla parte interna della doccia (du fourreau) sta scrito: Davout, maréchal de France.

Sulla fascia esterna sono incisi i nomi delle principali battaglia cui prese parte il maresciallo, e sono: Pyramides, Ulm, Austerlitz, Auerstaëdt, Eylau, Friedland, Eckmühl, Ratisbonne, Wagram, Smolensko, Moscowa, Hambourg.

Questa spada fu donata dal maresciallo al suo amico e compagno d'armi, capo di stato maggiore, conte Cesare Della Villa, stellone maresciallo di campo; questo per disposizione testamentaria dei 20 8bre 1848 in Tolosa, la lego al sua fratello conte Alessandro, cosi esprimendosi : « Je donne à mon frère Alexandre mon « sabre venant du maréchal Davout. »

Ed in fine il suddetto conte Alessandro Della Villa con nota testamentaria del 30 giugno 1854 datata da Torino e cosi concepita:

« Je prie mon cher neveu de Castelbourg de faire « placer au Musée des armes du Roi mon sabre du glo- « rieux maréchal Davout. »

La lego alla Reale armeria cui, il suddetto conte Camillo Bougio-Vanni di Castelborgo, direttore generale delle gabelle, accompagnolla con una dichiarazione per comprovarne la provenienza.

Cette notice a été copiée, d'après le catalogue manuscrit de l'Armeria Reale de Turin, par son directeur le général Valfri.

Nous voudrions pouvoir parler de tous les écrivains étrangers et français qui se sont occupés du Maréchal; le temps et nos forces ne sauraient suffire à un tel travail. Au hasard de nos souvenirs et de nos notes, nous indiquerons quelques ouvrages. Le général Rapp, dans des Mémoires dont l'authenticité a d'ailleurs été quelque peu contestée, Mémoires outrecuidants dont je ne raffole pas, fait tout, décide tout, conseille l'Empereur, bien entendu quand il y a succès. Cependant le soldat relève l'écrivain et je sais gré à ce vaillant général de raconter la bataille d'Auerstaëdt comme il le fait, et de témoigner de la fausseté des propos tenus sur la conduite du maréchal Davout vis-à-vis du maréchal Ney, pendant la retraite de Russie, par la façon dont il rapporte les faits.

Il ne dit mot du Ministre de la guerre de 1815. Serait-ce par rancune de certaine lettre quelque peu sévère qui lui fut alors adressée? Les paroles du général Rapp racontant l'émeute de Strasbourg démontrent la lassitude des soldats, non *payés*, épris de repos et saturés de guerre.

Le récit des *Opérations de guerre en France et en Belgique*, écrit par le général Gourgaud, est, par ses contradictions, vraiment étonnant à étudier. Le général, page 147, déclare Davout « *incapable, comme ministre, au dessous de sa tâche. Il laisse approcher l'ennemi.* » Ce mot m'a néanmoins révélé le sens d'une parole souvent redite par mon père à son fidèle aide de camp le général de Trobriand. En causant de la terrible crise de 1815, il murmurait parfois : « Je ne me pardonnerai jamais de m'être laissé endormir par Fouché. » A ces mots, il n'ajoutait rien, mais baissait la tête et réfléchissait. Ce qu'il n'a point dit nous paraît facile à deviner. En l'occupant, *à Paris et de Paris*, le duc d'Otrante détournait l'attention du Maréchal, la remplissait d'un faux but, empêchant le grand soldat, abusé comme Carnot et bien d'autres, de s'élancer vers l'ennemi afin de le battre et d'arrêter sa marche sur la capitale. C'est là *la faute unique* du prince d'Eckmühl ! Quand il a proposé de livrer bataille sous les murs de Paris, il était trop tard pour sauver la situation, comme il était trop tard pour proroger les chambres quand l'Empereur, qui avait repoussé le conseil de son Ministre, se reprit à le vouloir. Le plus grand, le plus intelligent, le meilleur des hommes est sujet à l'erreur, parce qu'il traîne en son humanité même une part fatale de défaillance et de misère.

L'Empereur a commis de graves fautes à Waterloo, à Paris, mais il s'est relevé en ses adieux à l'armée. J'ai compris pourquoi mon père l'a tant aimé en lisant cette noble parole : « *c'est la patrie surtout que vous serviez en m'obéissant !* »

Gourgaud, si sévère envers le prince d'Eckmühl, dit bientôt : « On ne peut reprocher ni à l'Empereur, ni *au Ministère*, ni à la nation aucun retard, tout se fit comme par enchantement. » Il est vrai qu'il dira plus loin : « Le maréchal Davout n'avait ni assez l'habitude de la grande guerre, ni assez la confiance des soldats et du peuple, pour trouver des ressources proportionnées à de telles circonstances. » N'était-ce donc point la grande guerre à Auerstaëdt, à Eckmühl, quand Davout sauvait Napoléon ; et le défenseur de Hambourg, qui tint treize mois sans se laisser vaincre, était-il incapable de trouver des ressources ?

En lisant ces singulières contradictions échappées à un flatteur de l'exil, je songeais aux appréciations de M. Thiers, recueillies de sa bouche même, le 22 avril 1854 :

« L'humeur de l'Empereur contre votre père en 1812 est tout à fait visible, il a eu quelque jalousie de le trouver presque Roi en Pologne, commandant à un véritable peuple de soldats et d'ouvriers, tout puissant et tout habile. Pendant la retraite de Russie, il lui avait donné l'ordre formel de suivre sa garde, mais voyant ensuite les blâmes que l'abandon du corps du maréchal Ney soulevait de tous côtés, il a laissé ses flatteurs les rejeter sur votre père, qui n'avait pu que lui obéir. La froideur triste du Maréchal, par la suite, blessa Napoléon comme un muet reproche, et il est devenu vraiment mal pour votre père. »

Ces paroles de M. Thiers, fidèlement reproduites, nous semblent l'unique réponse à faire aux allégations singulières du général Gourgaud.

Les charmants *Souvenirs militaires* de M. le

duc de Fezensac vaudraient d'être, rien que pour cette parole : « Supporter l'injustice est un des devoirs de l'état militaire et assurément un des plus pénibles. »

Monsieur le duc de Fezensac est-il sûr de n'être point injuste en parlant ainsi qu'il le fait, page 281 du *Maréchal Davout* ?

« Le prince d'Eckmühl commandant l'arrière-garde était chargé de mettre partout le feu, et jamais ordre ne fut exécuté avec plus d'exactitude et même de scrupule. Des détachements envoyés à droite et à gauche de la route incendiaient les châteaux et les villages à d'aussi grandes distances que le permettait la poursuite de l'ennemi. »

Croyez donc à la véracité de l'histoire! Le comte de Ségur raconte superbement la colère de mon père reprochant à l'Empereur *d'avoir tout fait brûler sur la route avant le passage de son corps d'armée*, et là est la vérité, en dépit de cette nouvelle accusation : « Le choix du prince d'Eckmühl mit le comble à tant de rigueurs. Personne plus que lui n'était propre à exécuter scrupuleusement des instructions aussi sévères et à interpréter largement ce qu'elles avaient d'arbitraire. » Plus loin encore il déplore la condamnation *sommaire* d'un douanier et fait de belles phrases sur ce coupable mépris de la vie humaine. Si, comme nous, M. le duc de Fezensac avait lu, écrit en marge, de la main même du Maréchal, sur tout projet de répression ou de châtiment : « *Consulter la loi* »; s'il avait connu la réponse du prince d'Eckmühl aux ordres reçus à Hambourg et repoussés avec indignation, je suis convaincue qu'il se serait rétracté en dépit de son indulgence pour le pillage « *bien difficile à empêcher dans une ville où l'on entre de vive force après une journée fatigante et dans l'ivresse d'un premier succès.* » Le désordre durait encore le lendemain matin lorsque le prince d'Eckmühl et le général Vandamme arrivèrent; le dernier n'y prit pas garde; mais le prince d'Eckmühl, qui *avait horreur du pillage*, nous fit de sévères reproches et dit qu'il fallait faire un exemple. »

L'*horreur du pillage*, n'en déplaise au duc et à ses belles velléités d'humanité, nous semble une sainte horreur; le pillage étant nécessairement le père de tous les crimes; or le grand Shakespeare a magnifiquement, autant que justement dit : « Celui qui se montre indulgent envers les criminels, devient lui-même assassin. »

La sévérité du Maréchal protégeait les populations, et le bien général doit l'emporter sur toute considération particulière. Le *bon* Turenne était adoré de ses soldats parce qu'il autorisait le pillage, et le Palatinat porte la marque de ses fausses indulgences.

L'aimable duc, en tout ce volume, se montre d'une grande mansuétude envers les pillards ; nous avouons ressentir plus de sympathie pour les pillés que pour les pillards[1].

Les *Souvenirs* du duc de Fezenzac, écrits d'un style simple et aisé, en dépit de quelques erreurs, se lisent avec un vif intérêt. Ce n'est pas mentir que de dire ce que l'on croit et pense, mais c'est se montrer trop souvent involontairement injuste.

L'admirable lettre écrite au général Vandamme par le Maréchal, lettre qu'on a pu lire en ce recueil, dément l'anecdote contée par le duc; mais le duc, aide de camp du maréchal Ney, ne dit mot de sa colère contre le maréchal Davout dramatiquement racontée par le comte de Ségur.

Je reproduis fidèlement les opinions diverses, mon grand amour pour la vérité m'interdisant la moindre altération dans les textes : si j'en atténuais un seul, comment pourrait-on croire à la véracité des autres ? La force de ces pages dédiées à mon père est leur droiture. En tout ce

---

1. Nous trouvons ces mots pages 500 et 501 : « On avait à l'armée impériale l'incroyable manie de ne jamais se servir de lorgnons ni de bésicles; on ne voulait pas convenir qu'on eût la vue basse. Je n'ai connu que le maréchal Davout qui fit exception à cette règle. »
Ce détail, ce rien, nous semble un trait frappant de caractère ; la loyauté n'admet aucune dissimulation, et il y a une certaine énergie morale à confesser hautement un défaut physique et à en arborer le signe. De là les larges bésicles d'or du Maréchal.

volume, je n'ai pris conseil que de mon respect, que de mon cœur, il ne saurait être ici question de littérature : je montre simplement mon père au travers des yeux qui l'ont contemplé, chaque nature a ses rayonnements et ses ombres, nul n'est Dieu que Dieu, le seul être parfait! Il y a cependant des degrés dans la grandeur morale, et un poète célèbre m'écrivait un jour une parole qui explique les jalousies survivant à la mort : « Le prince d'Eckmühl *est un homme improbable, tant il est grand et bon.* » M. Émile Montégut me disait de son côté :

« Les lettres du Maréchal sont une véritable apologie de son caractère, elles donnent la plus haute idée de sa véracité, de sa fidélité envers son maître et de son élévation de sentiments. Elles sont de la plus grande beauté morale. »

Ceci était doux à entendre, mais j'ai eu beaucoup à lutter : de deux côtés on est venu me prier de taire certains détails, de commenter en tel ou tel sens certains incidents. Quelques bonapartistes fanatiques m'ont reproché avec violence de m'être montrée trop dure à l'Empereur, prétendant que j'offensais la mémoire de mon père en n'immolant pas sa mémoire (comme il a laissé immoler sa vie) à la plus grande gloire de Napoléon. Plusieurs royalistes intransigeants ont espéré se servir de moi en cherchant à me convaincre que mon père souhaitait le retour des Bourbons, sans comprendre que c'était là en faire un traître ! Appartenant à un seul parti, le parti de la vérité, sans souci de déplaire, j'ai tenu haut le flambeau, afin d'éclairer le champ de bataille d'une lumière égale.

Terminons par l'analyse de quelques derniers documents que nous croyons essentiel d'indiquer encore.

UN FONCTIONNAIRE D'AUTREFOIS, P.-F. LAFAURIE, 1786-1876, PAR H. FARÉ.

Ce volume, écrit avec élégance, contient des pages importantes pour l'histoire du Maréchal. M. Faré fait un rare éloge du caractère du prince d'Eckmühl, en le montrant soucieux de l'avis d'un petit personnage tel que l'honnête M. Lafaurie l'était alors.

M. Faré nous dit encore M. Lafaurie accepté sur l'heure par le maréchal Moncey lorsqu'il lui fut envoyé en Espagne pour restaurer les finances, quand on eut répondu à ses questions : « C'est un inspecteur général des finances qui a secondé très habilement le prince d'Eckmühl à Hambourg. »

Puisque M. Lafaurie nous a ramené à Hambourg, nous donnerons ici une curieuse anecdote racontée par l'honorable M. Chennevière, dans une lettre datée de mai 1884 : « Il y a quelques années est mort à Fontainebleau un officier du premier empire, du nom de Lhéric ; il s'était trouvé à Hambourg, attaché au maréchal Davout qui, prévoyant qu'il serait bientôt investi, avait ordonné, comme c'est l'usage, de faire abattre autour de la ville tout ce qui pouvait servir d'approches couvertes pour l'ennemi. Une députation de la ville vint réclamer contre cette mesure. Le Maréchal, dont le parti était bien arrêté, laisse parler l'orateur qui, s'enhardissant peu à peu, finit par dire : « Mais ce que vous voulez détruire et faire détruire, c'est notre bien, ce sont nos propriétés... »

Alors le Maréchal, paraissant transporté de colère, l'interrompit : « Vos biens !... votre propriété !... Mais tout appartient à l'Empereur, même la peau qui recouvre votre chair ! »

La députation, effrayée, se retira, se promettant bien d'éxécuter, dans le plus bref délai, les ordres du terrible commandant en chef. Le Maréchal, rentrant dans son cabinet avec le jeune Lhéric qui, attendant ses ordres, avait été témoin de la scène, lui dit, avec le visage le plus calme et la voix la plus reposée : « Ils ont eu une belle peur !... Ils vont faire eux-mêmes, très vite et très-bien, ce qu'il m'aurait répugné de commander à mes soldats. »

M. Chennevière ajoute : « N'est-ce pas là l'homme qui, chargé par Napoléon de faire arrêter, juger et *exécuter* une vingtaine d'individus, commença par les avertir et les faire échapper ? »

Spirituel, railleur et fin comme un vrai Bourguignon, gai comme un enfant à ses heures, le Maréchal, afin d'éviter d'avoir à frapper, aimait à faire peur. Peut-être encore, à son propre insu, se donnait-il le plaisir moqueur de constater la lâcheté humaine prête à trembler devant toute grosse voix, en même temps qu'il s'accordait la sérieuse satisfaction d'épargner les effrayés.

Les braves anciens et modernes, de P. Villiers, ancien capitaine au 3ᵉ régiment de dragons. L'auteur a obéi à une idée juste et noble e voulant relier les gloires nouvelles aux anciennes gloires de la France ; mais je ne saisis pas trop les rapports qui existent entre Davout et Guébriant ; cependant l'auteur se montre juste envers le prince d'Eckmühl.

La Mozaïque, publiée en 1837, m'a été donnée par l'aimable bibliophile Jacob, à cause d'une curieuse fantaisie de Frédéric Soulié intitulée : *Rivalité de Murat et de Davout, et revue du 29 juillet 1830, à Paris*. Il m'a été facile de voir que l'auteur a puisé ses renseignements près du général Belliard. Il y a beaucoup de vrai dans les querelles de Davout et de Murat en Russie; en dépit d'une visible partialité pour le roi de Naples, justice est rendue à l'esprit de sagesse et de prévoyance de mon père. Il y a quelques erreurs dans le récit. Murat n'a pu dire : « Si Davout veut se rappeler qu'il a été soldat et moi aussi... » sachant fort bien que le prince d'Eckmühl n'a jamais fait partie de l'armée qu'à titre d'officier; mais la jalousie soufflée à l'Empereur par ces mots perfides : « On sait que le prince d'Eckmühl n'aime « à obéir à personne; qu'il lui plairait même assez « d'être réputé le héros de cette expédition aux « dépens même des plus élevés... », a été la cause de bien des maux !

Frédéric Soulié montre le plan de l'ennemi deviné par le maréchal Davout. Cependant le brillant Murat le charme, et l'influence du général Belliard, qui se donne un beau rôle, dirige ses jugements.

La revue fantastique de la grande armée passée par l'Empereur et son fils du haut de l'Arc de triomphe de l'Étoile rappelle certaines scènes de l'*Ahasvérus* de Quinet. Je sais gré à la mémoire de Frédéric Soulié, quoiqu'il ait trop oublié dans ses louanges le grand soldat d'Auerstaëdt, de cette parole adressée par Napoléon à Murat : « Ne regarde pas d'un œil farouche ton vieil ennemi Davout, ne lui montre pas la pointe de ton épée et ne lui fais pas signe de venir se battre à l'écart... Ne méprise pas celui qui s'était fait avare du sang de ses soldats. »

Notice historique sur les généraux en chef, par Babié. L'esquisse du caractère du maréchal Davout tracée par l'auteur est excellente et prouve que la justice a précédé l'envie. Il y a dans ces pages des détails d'un réel intérêt sur les débuts de la carrière militaire du maréchal Davout.

Biographie des pairs et des députés du royaume, 1818-1819. La biographie du maréchal Davout contient de nombreuses erreurs.

Monument de la grande armée d'Austerlitz et de la victoire. Ce volume descriptif de la colonne de la place Vendôme donne raison à qui affirme un parti pris d'effacement de la gloire du Maréchal prince d'Eckmühl.

La reine Hortense en Italie, en France et en Angleterre, pendant l'année 1831. En ce livre, vraiment intéressant et sympathique, l'aimable femme raconte d'une façon toute vive et charmante la fête que le maréchal Davout lui donna à Ambleteuse.

Les Français en Prusse, 1807-1808, par le baron Ernouf. On ne peut accuser l'auteur de trop de partialité envers le prince d'Eckmühl, mais le livre est intéressant, rempli d'anecdotes, et rend justice à la courtoisie du maréchal Davout lors de son entrée à Berlin. Nous aimons à retrouver ici les nobles paroles du vainqueur d'Auerstaëdt invitant les habitants « à se bien conduire envers les Fran-
« çais sans manquer à leurs devoirs de sujets
« prussiens. »

Mémoires anecdotiques sur l'intérieur du palais impérial et sur l'Empire, depuis 1805 jusqu'à 1814, par J. de Bausset. Ces très amusants volumes contiennent quelques assertions entièrement fausses sur le prince d'Eckmühl, principalement pour tout ce qui a rapport à la campagne de Russie. Foncièrement courtisan, M. de Bausset pressentait la disgrâce.

Capitulations militaires de la Prusse. Étude sur les désastres de l'armée de Frédéric, par E. Bonnal. Ce volume, qui a de l'intérêt, renferme quelques pages importantes pour l'histoire de mon père et une notice sur la *Collection des cartes du Maréchal Davout,* par Maunoir, qui prouve comment le Maréchal savait éclairer sa marche en pays ennemi.

Nous avons déjà beaucoup parlé des ancêtres du maréchal Davout dans la conviction où nous sommes que le sang a sa musique particulière. Une lettre du célèbre généalogiste Pincedé, adressée à ma grand'mère, « *déplore qu'une famille si puissante soit devenue si pauvre* »; et un nouveau travail sur les comtes de Noyers, imprimé à Autun, établit la descendance du prince d'Eckmühl par le sixième fils du grand Maréchal, doté d'une armée, d'un château fort, et des armoiries qu'ont gardé les d'Avout. Un Jacques d'Avout, petit-fils du sire de Noyers, épouse Jeanne d'Étables, cousine de saint Bernard. Jehan d'Avout épouse Perrette de Châlons, ce qui le fait allié de la maison d'Orléans-Longueville et des princes d'Orange de la maison de Nassau. Claude d'Avot, d'Avoult ou d'Avol sert avec Monlluc et le connétable de Montmorency. Nicolas d'Avout, épouse Edmée de Sainte-Maure; une Pétronille d'Avout s'unit à un Tascher, proche parent de l'impératrice Joséphine... Plusieurs filles sont abbesses et religieuses. Étrange et forte race dont on disait, au treizième siècle : « *quand naît un d'Avot, une épée sort du fourro* », et qui semble s'être comme résumée dans la grande figure du maréchal Louis Davout, dont un des généraux des plus connus de l'armée actuelle d'Italie, le général Petitti a dit : « *Le prince d'Eckmühl, par ses vertus excep-*

tionnelles, est une des gloires de l'humanité. »

L'*Encyclopédie des gens du monde* contient une biographie du maréchal Davout toute faite d'erreurs, mais on sent la sympathie de l'auteur anonyme percer sous de faux renseignements.

Les diaboliques et intéressants Mémoires du baron de Besenval, qui égratignent plus ou moins jusqu'au sang tous ceux dont il parle, se montrent fort gracieux pour une proche parente du maréchal Davout, la belle marquise de Montesson, dont il est fait plusieurs fois mention en ces notes, de façon à témoigner d'une certaine noblesse d'âme chez la dame. Laissons parler le baron. « Le duc d'Orléans, ne supportant pas son exil à Villers-Cotterets, charge M. de Ségur de voir madame de Montesson et de la prier d'agir pour lui.

« Madame de Montesson, veuve de Mgr le duc d'Orléans, voulant montrer à son fils un intérêt d'autant plus généreux qu'elle avait à se plaindre de lui, sûre, d'ailleurs, du crédit que lui donnait son esprit sur l'archevêque de Toulouse, s'empara de la négociation que j'abandonnai de grand cœur ainsi que Ségur. »

Guide de l'Algérie, par Piesse. Ce volume nous a renseigné sur un village nommé Eckmühl, dans la banlieue d'Oran. A l'ami inconnu qui a eu cette idée toute française, nous envoyons un cordial merci ! Puisse le village d'Eckmühl devenir un centre aussi brillant que les colonies romaines jadis fièrement portées par la vieille terre d'Afrique, et garder, dans un rayonnement vainqueur de la nuit, le noble nom de mon père, à titre de conseil et d'exemple !

FIN.

TABLE DES MATIÈRES

Avant propos; sur les portraits du Maréchal, 1 ; — Introduction. — Ce que pensait Stendhal du maréchal Davout, 5 ; — Lettre du Prince d'Eckmühl au général Vandamme, 7 ; — Lettres de la Maréchale au général Pelet, 8 ; — Le Maréchal à Pontoise, 11 ; — Lettre de M. Villemain, 13 ; — M. Montégut et M. Challe, 15 ; — MM. Bougier, Pellerin, Bertin, 17 ; — Travail de M. l'abbé Brocard, 19 ; — A propos de la publication de M. Charles de Mazade, 20 ; — Lettre du chevalier Davout en relation avec Mirabeau, 24 ; — Davout à son ami Bourbotte. Belle lettre indiquée par M. Claretie, 26 ; — Autre lettre du général Louis Davout et lettre de M. de Trooz au sujet de ce document ne portant pas d'adresse, 35 ; — Bizarreries des rencontres historiques et une page de généalogie, 39 ; — Sergent Marceau et ses étranges récits, 42 ; — Les prisons de Louis Davout, 43 ; — Lettres de L. Davout au général Reynier et au général Ambert, 44 ; — Le général Davout au chef d'escadron Martigue, 47.

De 1790 à 1805
CAMPAGNE D'ÉGYPTE

Rapports du général Desaix avec le général Davout. Curieuses lettres et intéressants détails tirés des papiers du général Desaix, 49 ; — Retour d'Égypte. Lettre du général Davout au Ministre de la guerre, 67.

De 1806 à 1811
ALLEMAGNE ET POLOGNE

Le maréchal Davout au Ministre de la guerre. Rapport, 70 ; — Le maréchal Davout réclame pour M. Bonneville, 75 ; — Le même à M. de Willemansy, intendant militaire, 76 ; — Le maréchal A. Berthier au grand duc de Berg, 76 ; — Ordre du jour du duc d'Auerstaëdt lors de son entrée à Berlin, 77 ; — Le maréchal Davout au Ministre de la guerre, 79 ; — Seconde lettre, 80 ; — Lettres militaires adressées à un général dont le nom nous est inconnu, 81 ; — Lettre de félicitation au maréchal duc de Reggio, 83 ; — Lettre du comte Félix Potocki au duc d'Auerstaëdt, 85 ; — Traductions tirées d'un livre Polonais de Falkowski, sur le séjour en Pologne du maréchal duc d'Auerstaëdt, 87 ; — Extrait de la correspondance de la comtesse Anna Nakwaska, 91 ; — Lettre du maréchal Davout à Mme la princesse Radziwill, 92 ; — Lettre du Maréchal à l'Empereur, 95 ; — Encore une traduction d' « Obrazy », 96 ; — Le maréchal Davout au général comte Zaluski et au comte Potocki, 98 ; — Belle lettre signée Hervô, dictée par le maréchal Davout, pour le colonel comte Potocki, 99.

De 1811 à 1815

LA RUSSIE ET HAMBOURG

Le *Manuscrit de 1812*, par le baron Fain, 105 ; — Lettre du prince d'Eckmühl au chevalier G. de Vaudoncourt, 111 ; — Le livre de M. Charles de Saint-Nexant sur « *Les événements qui ont amené la fin du règne de Napoléon Ier* », 113 ; — Le bâton du maréchal Davout à N.-D. de Kazan, 116 ; — « *La guerre et la paix* » du comte Tolstoï, réfutée par une lettre du prince d'Eckmühl au comte F. Potocki, 117 ; — Lettre du prince d'Eckmühl à l'Empereur Napoléon, 118 ; — Rapport au duc de Feltre, ministre de la guerre, 120 ; — Fausse lettre du maréchal Davout au major général, datée de Thorn, le 8 janvier, 1813, démentie par une lettre écrite à sa femme le 27 janvier, 126 ; — Lettres au général Saunier et au général comte Sébastiani, 128.

1815

MINISTÈRE DU MARÉCHAL

Départ de l'Empereur. Armée de la Loire, 131 ; — Lettre à Napoléon, 14 avril 1815, 131 ; — Lettre au général Durrieu dont on doit faire six copies, 133 ; — Lettres au comte Lobau, 136 ; — Au comte Daru, sur les hôpitaux à établir, 137 ; — Vétérans envoyés à Montmartre, 138.

MISSION DU GÉNÉRAL COMTE BEKER AUPRÈS DE L'EMPEREUR NAPOLÉON

Avant-propos, 143. — Chapitre Ier. Lettre du prince d'Eckmühl attachant le général Beker à la défense de Paris, 146; — Rapide analyse des événements. — Chapitre II. Le général Beker nommé commandant de la garde de l'Empereur. Lettres du Ministre de la guerre, 155; — Curieuse conversation de l'Empereur et du Général dans le parc de la Malmaison, 158; — La reine Hortense à la Malmaison, 167; — Le général Beker se rend à Paris pour recevoir de nouvelles instructions, 168; — Lettre du Ministre au Général, 172; — Départ pour Rochefort ordonné. Second voyage à Paris du Général. Incertitudes de l'Empereur, 176; — Lettre du général Beker au prince d'Eckmühl dictée par Napoléon, 177; — Ordre adressé au Général de se rendre à Paris, 180; — Visite au Ministère, 181; — Ordres de départ. L'Empereur renvoie à Paris le général Beker afin de demander en son nom de commander les troupes à titre de général, 187; — Le duc d'Otrante répond seul, 188; — L'Empereur, étonné du refus, consent à partir, 190. — Chapitre III. Départ de la Malmaison, 197; — Nuit passée à Rambouillet, 199; — Arrêt à Poitiers, 201; — Séjour à Niort 204; — Arrivée à Rochefort, 209. — Chapitre IV. Le séjour à Rochefort est un long récit d'hésitations, de projets acceptés et abandonnés, 211; — Le 8 juillet, l'Empereur se rend à bord de *la Saal*. Le 13 juillet, Napoléon écrit au prince Régent d'Angleterre, 245; — Le 15 juillet, l'Empereur passe sur *le Bellérophon*. Touchants adieux au général Beker, 250. — Chapitre V. Retour du général à Paris, 256; — Il est conduit chez le général Muffling, 257; — Dîner chez le duc d'Otrante, 259; — Visite au Ministre de la guerre du Roi, 261; — Le général Beker se retire dans le Puy-de-Dôme, 262.

DEUX LETTRES COMPARÉES

Deux lettres comparées : l'une de Mlle Mendelssohn l'autre de Madame Campan, 263.

APPENDICE

Le maréchal Davout au maréchal Berthier, 269 : — Deux lettres du maréchal Davout au commandant Saunier, 270; — Le maréchal Davout au maréchal Berthier. Lettre importante, 272 ; — Cinq lettres du maréchal Davout au général Saunier, 273 ; — Le général Donzelot au général Davout. Égypte, 280 ; — Deux lettres du prince d'Eckmühl au général Donzelot, gouverneur de la Martinique, 281 ; — Lettre du Maréchal datée de Hambourg, 285 ; — Lettre du prince d'Eckmühl au général Hamélinaye. Armée de la Loire, 286 ; — Ordre du jour, 288 ; — Jugement de Stendahl sur le maréchal Davout, 289 ; — Le général de Boigne comparé au prince d'Eckmühl, 293 ; — Anecdote sur la retraite de Moscou, 298 ; — Jugements italiens sur le maréchal Davout, 299 ; — Le sabre du prince d'Eckmühl au musée de Turin, 300 ; — Bizarres contradictions du général Gourgaud, 301 ; — Paroles de M. Thiers à propos du maréchal Davout, 303 ; — Le duc de Fezensac et le comte de Ségur racontant la même histoire de deux façons bien diverses, 304 ; — *Un fonctionnaire d'autrefois*, 308 ; — Le maréchal Davout faisant l'ogre à Hambourg, afin d'épargner ses soldats, 309 ; — Les *braves anciens et modernes*, 310 ; — F. Soulié racontant, dans la *Mozaïque*, *la Rivalité de Davout et de Murat*, 310 ; — Analyses de divers ouvrages : *les Français en Prusse*, L'entrée à Berlin racontée par le baron Ernouf, 312 ; — Mémoires de M. de Bausset. *Capitulations militaires de la Prusse*, par E. Bonnal. Les cartes du maréchal Davout, 313 ; — Un mot sur les vieux Davot, 314 ; — Madame de Montesson, d'après le baron de Besenval, 314 ; — Le village d'Eckmühl, en Algérie, 315.

www.ingramcontent.com/pod-product-compliance
Lightning Source LLC
Chambersburg PA
CBHW060401170426
43199CB00013B/1951